| 개정 |

아이들의 자유

우리에게 아이들의 자유를 빼앗을 권리가 있는가?

내가 아는 상식은 아이에겐 독이었다.

현 정 환 지음

창지사

책을 펴내면서…

"아이들의 자유"

이것만이 아이들이 행복해지는 유일한 길이라고 생각합니다.

아이의 세계에 대해 아무런 검증도 받지 않은 상식이나 속설의 노예가 되어 버린 어른들은 아이들을 일방적으로 구속하고 있습니다.

그것은 무형의 폭력입니다.

자유가 어른에게 고귀하고 소중하듯 아이에게도 고귀하고 소중합니다.

그러나 자유를 빼앗긴 아이는 행복해질 수 없습니다.

눈에 보이지도 않는 미래에 대한 환상만을 즐비하게 늘어놓으면서 지금의 희생을 강요하는 어른의 모습 속에는 한 인간에 대한 경외심이나 진지함을 발견할 수 없습니다.

본서는 아이들의 자유를 빼앗는 이런 현실을 조목조목 끄집어내어 비상식이 상식으로 통하는 모순 덩어리 어른의 통념과 정서를 심리학적 관점에서 조명하여 그 허구성을 파헤치는 데에 중점을 두었습니다.

칭찬의 함정, 허구와 에고이즘으로 가득한 부모의 사랑, 이제 그 존재 의의를 상실한 학교의 실상, 편리하고 풍요로운 사회가 만드는 아이들의 빈곤 등….

지금 여기에서의 행복을 부정하며 끝이 보이지 않는 경쟁과 허상을 향해 내몰고 있는 어른의 무지와 잔인함을 폭로하고 있습니다.

여리고 여린 어린 영혼의 살인자가 되지 않기 위해서는 이제 어른들은 달라져야 한다고 생각합니다.

아직도 아이들은 놀고 싶을 때 놀 수 있는 단순한 자유조차 거부당하면서 오직 순종만이 최고의 미덕인양 세뇌당하는 가운데 어느덧 자아는 무참히도 망가진 채 살아가고 있습니다. 망가진 자아로는 끝없는 경쟁과 도전이 엄습하는 현실 앞에 당당히 나서기는 힘듭니다.

아이들의 행복을 생각한다면 자유를 생각안 할 수가 없습니다.

선택할 수 있는 자유

포기할 수 있는 자유

평가로부터의 자유가 허용되어야 한다고 생각합니다.

지금 이 순간에도 선택과 포기의 자유를 박탈당하고, 평가의 틀 안에서 힘들어하는 아이들을 생각합니다. 끝도 보이지 않는 그 무엇을 위해 내몰리면서 숨가쁘게 헉헉대고 있는 아이들의 모습을 생각합니다.

작열하는 햇볕의 뜨거움에 줄줄 흘러내리는 땀을 연신 옷소매로 닦아내면서 친구를 잡으려고 뛰어다니는 아이의 모습은 어느새 사라지고, 책가방을 메고 무엇이 그렇게도 바쁜지 총총걸음으로 사라지는 아이들의 뒷모습만이 눈에 가득할 뿐입니다.

아이들의 자유는 보이지 않습니다.

원고를 마무리하면서 본서의 출판에 도움을 주신 분들에게 감사의 마음을 전하고 싶습니다.

2010년 봄

현 정 환

차 례

왜 '아이들의 자유'인가

"인간은 자존(自存)의 경지에서 살아가는 것이 존재의 최고 기쁨이다."라는 말이 있듯이 인간에게 있어 자유는 그 무엇과도 비교할 수 없을 정도의 최고의 쾌감을 느끼게 합니다.

아이들도 마찬가지입니다.

아이들에게 있어 자유도 최고의 기쁨이며, 행복입니다.

발달적으로도 아이들에게 자유가 허용될 때 의욕이 커지고, 창의성이 향상되는 것을 볼 수 있습니다.

유아교육 학자들은 아이의 세계에서 가장 중요한 경험의 주제는 '놀이'가 되어야 한다고 합니다만, 놀이의 본질은 '자유'입니다.

자유가 허용되지 않는 놀이는 놀이가 아닌, 놀이라고 하는 이름으로 포장된 어떤 활동이나 작업에 지나지 않습니다.

놀이에서 자유를 박탈해버리면 놀이의 의미는 사라져버립니다.

자기표현도 어렵고 창의성도 기대하기 어렵습니다.

요즘 아이들의 창의성 개발이나 영재육성 등의 선전문구로 부모를 현혹하는 경우를 많이 볼 수 있는데, 이것은 아이들에게 완전한 자유가 허용될 때 비로소 가능한 것들입니다.

하지만 우리사회가 말하는 아이들의 창의성이나 영재성에는 어떤 가치가 포함되어 있는 것 같습니다. 즉, 어른들의 가치가 절대적 기준이 되고 있습니다.

그런데 우리는 창의성이나 영재라는 개념이 무엇인지를 생각해 보아야 할 것입니다. 그리고 인간의 다양성 그 자체가 인간 존재 의미의 절대적 가치라는 사실을 인식해야 할 것입니다.

어른들은 단지 자신의 입맛에 맞는 표현과 능력을 보여주는 아이를 창의적인 아이이며, 영재라고 말하고 있을 뿐입니다.

자유 속에 존재하는 아이들은 자신의 세계를 있는 그대로 표현합니다.

거침없이 표현합니다.

그러기에 우리 아이가 얼마나 기쁜지를 알 수 있고, 얼마나 힘들어 하는지도 알 수 있습니다.

무엇을 잘하는지도 알 수 있습니다.

엄마나 아빠에게 어떤 불만을 갖고 있는지도 알 수 있습니다.

아이들의 마음이 투명하게 보입니다.

하지만 자유를 박탈당한 아이들은 철저하게 자신을 감추어버립니다.

그래서 아이들의 마음을 알 수가 없습니다.

자유의 반대는 개념에는 통제, 간섭, 지도, 교육, 평가 등을 생각해 볼 수 있습니다.

이미 가정에서 어릴 때부터 '양육'이나 '교육'이라는 명목 하에 부모에 의해 엄하게 통제된 생활을 했거나 철저하게 간섭받으며 살아왔던 아이들은 자유를 경험하지 못한 아이들입니다.

자유를 모르는 아이들은 자신을 부모에게 보여주지 않습니다.

왜냐하면 두려움이 있기 때문입니다.

부모들 가운데 자기 자식은 어릴 때 거의 '장난'이나 '반항'도 하지 않아서 너무 키우기 쉬웠고 착했다고 자랑하는 사람이 있습니다.

아이들의 본질인 장난과 반항이 보이지 않았다는 것은 이들의 자유가 부모에 의해 철저하게 박탈당했다는 것을 말해주고 있습니다.

아이는 단지 그동안 부모의 잔소리나 체벌이 두려워서, 또는 부모에게 버림받을지도 모른다는 공포감에 숨을 죽이며 눈치를 보면서 조용히 보낸 것에 지나지 않습니다.

끝없이 부모나 선생님의 기분이나 생각에 맞추어서 자신의 기분이나 행동을 억제하는 아이의 모습은 결코 정상적이라고는 할 수 없습니다.

유전적으로 동일한 형질을 갖고 태어난 일란성 쌍둥이일지라도 마음은 서로 달라서 다른 생각과 행동을 하고 있는데, 이런 다른 마음을 갖고 인간이 '다름'을 포기하고 살아간다는 것, 즉 자신을 그대로 표현하지 못하고 끝없이 다른 사람의 기분이나 행동에 맞추어 가면서 살아간다는 것은 아무리 생각해도 병적인 모습입니다.

더군다나 자신의 감정이나 행동의 통제가 안 되는 어릴 때는 더더욱 그렇습니다.

순종과 복종을 미덕으로 생각하는 우리 사회, 봉건적이고 전근대적인 상하의 종적 관계를 탈피하지 못하고 있는 우리 사회에서는 어른의 말을 잘 듣는 아이를 소위 '착한 아이'라고 부르면서 바람직한 모습으로 이해하고 있습니다.

하지만 서양에서는 '자신의 의견을 분명히 말할 줄 아는 아이'를 바람직한 아이로 보고 있습니다. 어른의 일방적 요구에 대해 부당하다고 생각될 때는 분명히 'NO'라고 말할 줄 아는 아이를 말합니다. 우리 사회는 이런 아이를 반항적 아이나 문제 아이로 보고 있습니다.

'착한 아이'라고 하는 병리적 현상에 흥분하며 미래를 꿈꾸는 어른의 무지와 어리석음으로 인해 아이들은 더욱 힘들고 있습니다.

어릴 때부터 자신의 감정이나 행동의 통제가 오래 지속되면 청소년기 이후에 많은 문제행동으로 나타납니다.

그동안 자신을 표현하지 못했던 아이들은 자신이 사랑받았다, 인정받았다는 느낌을 갖지 못했기 때문에 타인을 이해하거나 인정하거나 사랑하기란 쉽지 않습니다.

당연히 자기 자신을 바라보는 모습도 부정적으로 되면서 의욕과 자신감의 상실로 인한 열등의식과 자폐적 대인관계 속에서 괴로워해야 하는 경우가 많습니다.

이런 자신의 나약함을 위장하기 위해서 자신보다 힘이 약한 아이에 대한 공격적인 행동을 하는 경우도 많습니다.

그러나 자신이 강하다고 생각하는 아이들은 여유가 있고 남에 대한 배려가 있습니다.

'자유'는 '방임'과는 분명히 다릅니다.

자유를 말하면 '방임적 양육'을 생각하기도 합니다.

방임은 자녀에 대한 무관심, 무응답이며, 아무런 놀잇감도 제공해 주지 않는 것을 말합니다.

방임적 양육태도는 자녀를 거부하는 모습이기도 합니다.

아이의 노는 모습에 관심도 없고, 아이가 물어보거나 미소를 보내도 별 반응이 없습니다.

그러나 '아이의 자유'를 존중하는 부모는 결코 방임하지 않습니다.

아이의 노는 모습을 가만히 지켜보고 있습니다.

아이의 모습이 엉성하고 답답하고 어설프다고 할지라도 미소를 잊지 않고 쳐다보는 것입니다.

그러다가 엄마의 도움이 필요하다고 판단한 아이가 엄마에게 접근하거나 물어볼 때 그때 비로소 엄마는 적절하게 도움을 주는 것입니다.

이렇게 반응하는 엄마의 태도는 아이의 세계를 존중하는 마음이 있고 신뢰하는 마음이 있을 때 비로소 가능합니다.

모 일간지와 인터넷에 「세계 최연소 교수 비결은 "그냥 내버려둔 부모님의 방관"」이라고 하는 제하의 기사를 본 적이 있습니다.

우리나라의 모 대학교에 19세의 젊은 나이에 교수로 임용되어 세계 최연소 교수로 기네스북에 등재된 이 외국인 교수는 부모의 특별한 '천재 양육 비결'이 있었느냐는 기자의 질문에 이렇게 대답했습니다.

"부모님은 그냥 날 말릴 수 없어서 내가 뭘 하고 싶다고 할 때 그냥 하도록 해줬다."며 부모의 방관이 자신을 천재로 만들었다고 대답하였습니다. 그러나 여기서 말하는 '방관'은 거부나 무시를 말하는 것이 아니라 분명 자유를 의미하고 있을 것입니다.

'아이들의 자유'란 그 아이에 맞는 다양하고 풍부한 자극이 제공되는 환경 속에서 아이가 선택할 수 있는 자유, 아이가 포기할 수 있는 자유, 그리고 타인의 평가로부터의 자유를 말합니다.

우리나라의 '정트리오'라고 하는 음악패밀리의 이야기를 아는 사람들이 많을 겁니다. 정명화, 정경화, 정명훈의 정패밀리는 각각 유명한 첼리스트, 바이올리니스트, 그리고 지휘자로 그 이름이 세계적으로 널리 알려져 있는 사람들입니다.

이들을 키운 어머니 이원숙 여사의 자녀교육 철학은 "선택은 네가 하라."는 것이었다고 합니다. 어린 자식을 자신과 동일한 인격체로 바라보면서 자녀의 모든 행동을 존중하면서 키웠다는 것입니다. 아버지도 마찬가지였습니다.

어머니는 단지 아이들의 정서발달에 피아노가 좋다는 생각으로 처음에는 피아노를 빌려서 아이들이 놀잇감처럼 자유롭게 즐기도록 하였습니다.

이 여사는 피아노의 교육적 효과에 대한 신념이 얼마나 강했던지, 6.25전쟁의 와중에도 피아노를 항상 갖고 다녔다고 합니다.

동생은 언니가 하는 것을 보면서 흥미를 갖고 배워나갔지만, 때로는 싫증을 내기도 했다고 합니다. 이럴 때 어머니는 억지로 시키지 않았고 아이의 행동을 그대로 수용했습니다. 그리고는 아이의 흥미를 끌 만한 다른 새로운 자극, 즉 바이올린을 제공했다는 것입니다. 그러자 다시 이에 흥미를 느끼게 되어 동생은 바이올린을 하게 되었다는 이야기를 TV에서 본 적이 있습니다.

우리가 부러워하고 동경하는 '정트리오'의 모습은 그들의 어머니, 이원숙 여사의 자녀교육의 철학, 즉 "다양한 자극은 제공하지만 그 선택과 포기는 철저하게 자녀의 자유에 맡기고 존중한다."는 일념으로 자녀를 양육하였기에 비로소 가능했다고 봅니다.

만일 이원숙 여사가 자녀들에게 강제적으로 피아노를 치게 했거나 "잘했다, 못했다"는 평가의 기준을 가지고 끝없이 바라보고 지도했더라면 우리가 부러워하는 정트리오의 모습은 볼 수가 없었을 겁니다.

그렇습니다.

이런 자유를 아이들에게 과감하게 허용할 수 있는 부모나 교사들의 여유는 아이들의 마음을 살찌우게 하고 그들의 가능성을 무한하게 만듭니다.

그리고 무엇보다도 소중한 것은 아이들이 진정한 행복이 무엇인가를 깨닫게 된다는 것입니다.

그러기에 '아이들의 자유'는 필요합니다.

자녀 양육에는 '마법의 공식'이 없다

모든 부모들은 자녀에게 좋은 부모가 되고 싶어 합니다. 그래서 부모로서의 역할을 완벽하게 수행하고 싶다는 욕심을 가져 봅니다. 거의 완벽에 가깝게 수행하는 부모, 그런 부모가 좋은 부모일 것으로 생각하면서, 그런 부모가 되고 싶어 합니다.

하지만 아이들은 그런 부모를 원하지 않습니다. 그리고 그런 부모는 실제 이 세상에 존재하지도 않습니다.

이제 막 세상에 나온 아기는 자기 외의 다른 존재를 인식하지 못합니다. 엄마 젖을 빨아먹으면서도 "배가 고파서 고통스럽긴 하지만 조금 울기만 하면 마법의 테이블 위에 젖가슴을 가지런히 갖다 놓을 수 있다."는 착각을 하고 있을 뿐입니다.

태어난 지 3개월 정도가 지나야만 어느 정도 엄마의 존재를 인식하면서 젖은 엄마의 것이며, 마법의 테이블이 아니라 엄마가 젖을 제공해 주고 있다는 사실을 알게 됩니다.

하지만 아직 생후 5개월 이전의 단계에서는 엄마라고 하는 인간을 통합적으로 이해하지 못하고, 특징적 행동으로부터 타인을 이해하고 있기 때문에 "자기 집에 최소한 두 명의 엄마가 살고 있다."고 생각하고 있습니다.

한 사람은 자신이 신호를 보내기만 하면 즉시 달려와서 욕구를 충족시켜 주는 착한 엄마입니다. 이 엄마는 자신의 욕구가 무엇이든지 요구하는 대로 들어 주기 때문에 마치 성녀(聖女)와 같은 존재라고 생각하고 있습니다.

또 한 사람은 아무리 신호를 보내도 반응을 보여 주지도 않을 뿐더러 때로는 괴롭히거나 히스테리를 일으키기도 하는 마치 악녀(惡女)와 같은 엄마가 있다고 생각합니다.

아기는 이 두 명의 엄마가 자신을 교대로 보살펴 주고 있다고 생각합니다.

하지만 6, 7개월 정도가 되면 비로소 지금까지 성녀와 악녀가 교대로 자신을 돌보고 있었다는 생각은 큰 착각이었다는 사실을 알게 됩니다. 즉, 엄마는 한 사람뿐인데 이 한 명의 엄마에게 자기가 좋아하는 면(성녀의 면)과 좋아하지 않는 면(악녀의 면)이 있었다는 사실을 알게 됩니다. 아기가 '엄마'라는 인간을 전체적이고 통합적으로 이해하는 순간입니다.

아기가 훌륭한 것은 이때입니다.

엄마라는 존재가 악녀와 같은 못된 속성을 갖고 있는 사람이라는 사실을 알고 있으면서도, 엄마에 대해 "이 사람이야말로 세상에서 그 누구보다도 자신을 가장 잘 책임져 주고 보호해 줄 사람이다.", "이 사람만 내 옆에 있으면 나는 걱정 없다. 절대 안전하다.", "때론 나를 괴롭히고 짓궂게 하지만 그래도 나를 꼭 지켜 주고 도와줄 사람이기 때문에 항상 같이 있고 싶다.", 그래서 "난 이 사람을 너무 좋아해."라는 감정을 갖게 됩니다.

이것이 소위 '애착 형성'이라고 하는 것입니다. 아기가 세상에 태어나서 처음으로 '엄마'라고 하는 특정의 대상에 대해 '애정과 신뢰'라는 감정을 가지게 된 것입니다.

여기서 흥미로운 것은 아기가 세상에 태어나서 처음으로 좋아하고 믿어 주는 대상은 결코 완벽한 인간이 아닌, 반 정도는 악마의 속성을 지닌 인물이라고 말할 수 있습니다. 비록 그런 부족한 인물이지만 아기는 그 사람을 사랑하고 신뢰하기에 충분한 인물로 보고 있다는 것입니다.

'완벽한 부모'란 어디에도 없습니다.

아이들도 완벽한 부모를 원하지 않습니다. 아이가 원하는 부모는 완벽한 부모가 아니라, 만일의 경우에 자신을 거부하지 않고 보호해 주는 부모, 나를 이해해 주려고 노력하는 부모, 내 감정이나 생각을 존중하면서 배려해 주는 부모입니다.

비록 아기가 부모의 몸에서 태어난 인간이라고 하지만, 부모와는 다른 심리학적 존재입니다. 자신과 다른 존재를 이해한다는 것은 쉬운 일은 아닙니다.

그러나 이런 자녀를 이해하기 위한 노력을 통해서 부모는 부모로서 더욱 부모다워지고 성장하게 됩니다.

자녀를 이해하려고 하면 할수록 자녀에 대한 사랑은 점점 깊어지고, 사랑이 깊어질수록 자녀를 더욱 이해하고 싶은 마음이 생깁니다. 이런 과정을 통해 부모는 자녀를 이해하게 되고 보다 깊은 사랑을 느끼게 됩니다.

하지만 많은 부모들은 "우리 아이의 마음은 도대체 알 수 없어."라고 고민하거나 당황해 하고 있습니다. 어떻게 대응해야 할지 몰라 하는 경우가 적지 않습니다.

자녀 문제로 한시도 고민이 사라지는 날이 없다고 하소연하는 부모도 있습니다. 이처럼 자녀 양육은 당혹과 번민의 연속이라 볼 수 있습니다. 이런 가운데 부모들은 부모로서의 역량을 충분히 발휘하지 못한 자신의 모습을 탓하면서 육안불안이나 실의에 빠져 아동상담실을 찾는 경우가 있습니다.

그러나 그렇게 생각할 필요는 없습니다

아마 부모라고 하는 신분이 되기 전까지는 이렇게 자신과 다른 한 인간의 문제로 고민하고 당황해 본 적이 없을 것입니다. 대부분은 아마 인생에서 처음 경험하는 경우일 것입니다. 자기 자신을 제

외한 인간 가운데 이 정도로 진지하게 고민하고 당황하게 만들었던 사람이란 자녀 외에 또 누가 있겠습니까?

이런 당혹과 번민은 부모의 특권인 것입니다. 이 특권을 마음껏 활용하고 있다는 사실은 부모로서의 역할을 충분히 다하고 있다는 것이며, 이것은 성장하고 있는 부모의 모습이기도 합니다.

그런데 문제는 성장하지 않는 부모가 있다는 것입니다. 이런 부모는 자녀 양육에 대해 고민하거나 당황하지 않고, 자신만만해 합니다. "그런 경우라면 이렇게 해야 한다. 아이란 원래 이런 존재다." 라고 단언(斷言)하면서 다른 부모들의 양육 태도에 대해 한 소리하기도 합니다. 이런 사람은 부모로서도 인간으로서도 성장하기 힘듭니다.

이런 부모는 아이의 마음을 알려고도, 그 기분을 이해하려고도 하지 않는 사람입니다. 왜냐하면 자신은 이미 모든 것을 알고 있다고 생각하기 때문입니다. 양육법에 대한 지식과 부모로서의 태도는 거의 완벽하다고 생각하고 있습니다. 이런 부모 밑에 자라는 아이는 불행합니다. 이런 부모는 자신의 완벽한 모습처럼 자녀에게도 결코 한 점의 실수도 없는 완벽함을 요구하게 됩니다. 이런 부모는 자녀가 잘못하면 가차 없이 혼을 냅니다.

이런 부모에게서 아이들의 자유란 있을 수 없습니다.

자녀를 양육하면서 당황, 고민, 걱정하는 부모야말로 부모로서도 그리고 한 인간으로서도 아이와 함께 성장하고 있는 모습입니다.

아이는 끝없이 성장하고 있으며, 성장하고 있다는 사실은 끝없이 변하고 있다는 것입니다. 끝없이 변하고 있는 아이를 이해하면서 키워 가게 되면 당연히 당혹과 번민을 경험하게 됩니다. 아이 문제로 번민하고 당혹해하고 있다는 것은 자신이 부모로서 성장하고 있다는 이야기도 됩니다.

그런데 고민할 필요가 없는 일인데도 고민하는 경우가 있습니다. 자녀 양육에 있어 이런 경우에는 이런 식으로 하면 된다고 하는 공식 같은 것을 믿고 있는 부모가 있습니다. 본인은 아직 그런 공식을 모른다고 안타까워하는 부모가 있습니다.

이런 문제로 걱정하는 부모는 자녀 양육에는 어떤 '마법의 공식'이 있다고 믿고 있는 경우가 많습니다. 이 마법의 공식을 모르는 것은 자기 자신의 무지와 무능 때문이라고 탄식하면서 마법의 공식을 찾으려고 합니다. 그러나 자녀 양육 문제에는 '마법의 공식'이란 존재하지 않습니다.

아동 전문가들은 부모의 어떠한 양육 태도가 아동의 바람직한 발달에 영향을 줄 수 있는지에 대해서 연구하면서 부모에게 이런저런 제안을 해주고 있습니다. 그러나 이것은 어디까지나 일반론적인 이야기이며, 모든 아이에게 공통적으로 그 효과를 기대할 수 있다는 것은 아닙니다. 왜냐하면 인간은 외부 자극의 개입에 의해 단순하게 수동적으로 반응을 보이는 존재가 아니라, 자신의 내적 욕구나 지금까지의 경험 내용 등의 다양한 문제도 함께 관여하기 때문에 발달과정이 매우 복잡하고 역동적이며 각 개인마다 모두 다릅니다. 그러므로 아이에 대한 지도가 아동 양육 이론이나 공식대로 되지 않는 경우가 더 많습니다. 예를 들어 "꾸중이 칭찬보다 아이의 학습 의욕을 저하시킨다."는 사실이 연구를 통해서 확인되었다고 할지라도 이 공식을 어떤 경우에나 누구에게나 적용할 수 있는 것은 아닙니다.

평소에 아이가 좋아하고 신뢰하는 선생님의 한 마디 꾸중은 칭찬만큼의 효과를 지닐 수도 있습니다. 이제까지 나를 이해해 주고 인정해 주었던 선생님의 질타에 대해서는 아이는 자신의 모습을 반성하면서 열심히 해야 되겠다는 마음을 가지게 될 것입니다.

이처럼 단순한 이론적 접근만으로는 아이의 행동을 설명할 수 없습니다. 아이의 지도방법에 대해서 책에 나와 있는 이론이나 아동 전문가가 제안하는 것을 마치 '마법의 공식'이나 되는 것처럼 믿어버리는 것은 바람직하지 못합니다.

어디까지나 이론이나 전문가의 의견은 보편적 일반론적인 이야기이기 때문에 모든 경우에 그대로 적용할 수 없다는 한계를 갖고 있습니다.

개개인의 개성에 맞고 특수한 상황에 맞게 적용하기 위해서는 기존의 아동 양육이나 지도법을 그대로 적용하기보다는 각 개인에 맞게 응용하거나 변용하는 노력이 필요합니다.

물론 이런 노력은 부모로서는 쉽지 않다는 것은 잘 알고 있습니다. 하지만 자기 아이를 가장 잘 아는 사람은 아동 심리학자가 아니라, 부모 자신입니다. 그렇기 때문에 사실 부모가 자기 자녀에게 맞는 대처법을 가장 잘 알고 있습니다.

때로는 당혹스럽고 고민도 되지만 이런 가운데 부모는 자녀에게 가장 적합한 자녀양육법을 터득하게 되며, 이런 과정이야말로 부모가 성장하는 과정이라고 할 수 있습니다.

필요에 따라 아동 양육이나 지도에 관한 서적을 보거나 전문가에게 상담이나 조언을 구할 수도 있습니다. 책이나 전문가가 소개하는 이론이나 기법이 무의미하다는 것은 아닙니다. 그러한 이론이나 기법을 바탕으로 각 아이에게 맞게 잘 적용하는 것이 중요합니다. 그러므로 육아 정보를 잘 활용하는 것도 어떻게 보면 부모로서 성장하고 있다는 증거라고 할 수 있습니다.

당혹해하고 고민함으로써 비로소 그러한 정보를 효과적으로 이용할 수 있습니다. 그러나 고민하고 당혹해하는 일이 없는 부모는 그러한 정보를 이용하지도 않을 뿐더러, 성장할 수 있는 기회를 스스로 포기해버리는 사람입니다. 고민과 당혹의 순간은 힘들지만, 이것은 자신을 성장시키는 큰 원동력이 됩니다.

우리 사회에는 "자녀 양육은 이렇게 해야 한다."라고 하는 사회적 압력이 작용하고 있는 것이 사실입니다. 그래서 남들이 다들 학원에 보내면 이것도 무언(無言)의 사회적 압력으로 작용하여 자기 자녀도 학원에 보내지 않으면 안 된다고 하는 심리적 압박을 받게 됩니다. 이처럼 오늘날 부모는 이런저런 사회적 압력으로 상당한 스트레스를 받고 있는 것이 현실입니다.

특히 사회적 압력 가운데 가장 큰 힘을 발휘하는 것은 육아 문제에 관한 정보입니다. 예를 들어, 본서에서 "부모도 자녀와 함께 성장하지 않으면 안 됩니다."라고 하는 것을 강조하게 되면 이것이 부모에게는 하나의 심리적 압력으로 작용하여, 아이는 성장하고 있지만 자신은 조금도 달라지고 있지 않은 모습에 답답해할 수도 있습니다.

그러나 그렇게 걱정할 필요는 없습니다.

"부모도 성장해야 한다."는 생각을 갖고 있지만, 그렇지 못한 자신의 모습에 대해 자책하거나 답답해하거나 불안해할 필요는 없습니다.

부모로서 자신의 모습을 돌아보면서 부족한 부분도 많고 아쉬운 부분도 많다는 것을 스스로 인식한다는 그 자체가 부모로서 성장하고 있다는 이야기가 됩니다. 사실 성장하고 있는 부모는 정작 자기 자신은 그것을 의식하고 있지 못한 경우가 많습니다. 왜냐하면 성장하고 있는 부모란 항상 반성하는 부모이며, 자신의 잘못을 인정하는 부모이기 때문입니다.

자녀 양육에는 시행착오가 항상 따르게 마련입니다.

"오늘은 내가 좀 심하게 꾸중을 했구나.", "화가 나서 나도 모르게 좀 아이의 자존심이 상하는 말을 해버렸구나."라고….

이런 반성을 하면서 내일은 좀 더 나은 엄마가 되어야겠다고 생각하는 부모가 성장하고 있는 부모인 것입니다. 부모의 이러한 실수는 그 순간에는 아이의 마음을 상하게 했을지는 모르나, 영원히 지워지지 않는 마음의 상처로 남는 경우는 거의 없습니다.

이런 부모는 "아~ 매일 매일 후회만 하고 조금도 부모로서 나아지는 게 없어."라고 자책할지도 모릅니다. 자녀 양육에 '마법의 공식'이 없는 이상, 어쩔 수 없는 인간의 모습이고 부모의 모습입니다.

번민할 줄 알고 당혹해할 줄 알면서, 반성하고 자신의 잘못을 인정할 줄 아는 사람이야말로 상당히 사고의 유연성을 가진 인간이며, 이런 유연성은 그 사람을 성장하게 만듭니다. 그리고 이런 사람은 타인의 실수를 이해하고 허용하는 포용력을 갖게 됩니다. 매일 매일 자녀 문제로 번민하고 당혹해하며, 반성하고 의기소침해하면서 자녀 양육에 애쓰고 있는 부모야말로 유연성과 포용력이 풍부한 사람입니다.

이런 부모 밑에서 자라는 아이는 자유롭습니다.

아이는 지금 여기에서의 행복을 느끼며 내일을 꿈꾸게 됩니다.

극장에서 보았던 한 영화가 생각납니다.

「마르셀의 여름」

이 영화의 줄거리는 그렇게 흥분이나 뭉클한 감동을 줄 만한 내용은 아닌, 우리 주위에 흔히 있을 수 있는 잔잔한 내용을 담고 있습니다.

학교 사택에서 성장한 주인공 마르셀은 학생을 가르치는 아버지를 세상에서 가장 존경합니다. 그런 마르셀의 어린 가슴 속에는 어느덧 아버지가 전지전능한 존재로 와 닿습니다.

그러나 마르셀이 성장하면서 여름 휴가지에서 못하는 게 없는 대단한 사람으로만 여겨졌던 아버지가 사냥도 제대로 못하는 평범한 사람임을 알게 됩니다. 마르셀은 오히려 그런 아버지에게 인간적인 면을 발견하고는 더욱 마음이 가까워지게 됩니다.

아이들이 좋아하는 부모의 모습은 완벽한 인간의 모습이 아닌, 실수도 하고 무언가 부족한 인간적인 모습인 것 같습니다.

아버지의 연약함

아버지란 기분이 좋을 때 헛기침을 하고

겁이 날 때 너털웃음을 웃는 사람이다.

– 중략 –

일반적으로 나이에 따라 변하는 아버지의 인상은,

4세 때 – 아빠는 무엇이나 할 수 있다.

7세 때 – 아빠는 아는 것이 정말 많다.

8세 때 – 아빠와 선생님 중 누가 더 높을까?

12세 때 – 아빠는 모르는 것이 많아.

아버지는 결코 무관심한 사람이 아니다.

아버지가 무관심한 것처럼 보이는 것은 체면과 자존심, 미안함 같은 것이 섞여서 그 마음을 쉽게 나타내지 못하기 때문이다.

아버지는 가정에서 어른인 체를 해야 하지만 친한 친구나 맘이 통하는 사람을 만나면 소년이 된다.

…

모 일간지에 실린 '아버지는 누구인가?'라는 제목의 시에서 퍼온 글입니다. 당시 이 내용을 인터넷으로 조회한 횟수는 미국의 9.11 테러 때와 비교될 정도로 독자들의 반응은 엄청났다고 합니다.

이 시에 담긴 아버지의 모습은 가족을 위하여 힘겹게 살아가는 연약한 사람으로 담담하게 묘사되면서 많은 사람에게 잔잔한 감동과 화제를 불러 일으켰습니다.

그 이유에 대해 한 문학평론가는 시에서 묘사된 아버지는 약하지만 강한 척하면서 감정을 속으로 삭이는 사람으로 그려지면서, 자신의 아버지만 그런 줄 알았는데 남도 그렇구나 하면서 '집단적 위안'을 받은 것이라고 보았습니다.

여기서 흥미로운 것은 아이들이 성장에 따라 아버지의 모습을 다르게 그리고 있다는 것입니다. 자신의 나약함을 숨기고 강한 척하면서 자존심을 세워 보려고 하는 아버지의 모습, 그러나 아이는 결국 그런 아버지의 정체를 성장하면서 알게 됩니다.

아이들은 자신의 연약함을 위장하는 강한 아버지의 모습보다 자신의 연약함을 그대로 인정하고 보여 주는 나약한 아버지의 모습에 더욱 마음으로 다가가게 됩니다.

기분이 좋을 때 호탕하게 웃고, 겁이 날 때 무서워하는 것입니다.

헛기침을 하거나 너털웃음으로 위장을 할 필요는 없습니다.

부모 사랑의 허구성

모 일간지에 심부름에서 늦게 온 초등학생(12세)이 어머니의 체벌이 두려워 목을 매고 자살한 사건이 보도된 적이 있었습니다. 이 아이는 오후 4시쯤 돈 5만 원을 농협에서 찾아오라는 어머니의 심부름으로 집에서 가까운 농협에 들른 후 집으로 오는 길에 친구를 만나 놀다가 그만 1시간 반 정도 늦게 집에 들어간 것입니다. 아이는 오후 5시 반쯤 집에서 "심부름을 시켰는데 왜 늦게 왔느냐?"며 어머니로부터 심한 꾸지람을 들은 뒤 어머니가 회초리를 가져오라고 말하자 그대로 달아나 집에서 1km 정도 떨어진 뒷산에서 목을 맨 것으로 알려졌습니다.

이 아이의 어머니는 "평소 내성적이고 소심한 외아들을 강하게 키우기 위해 간단한 심부름을 자주 시켰으며, 잘못이 있을 때마다 회초리를 들었다."고 말하고 있습니다.

만일 이 아이가 자살을 하지 않았다면 사람들은 이 어머니의 회초리를 '사랑의 매'라고 말했을 것입니다. 하지만 이 회초리는 세상을 향해 자기 목소리를 제대로 내지 못하는 어린 아이를 저 세상으로 가게 했습니다.

주검으로 내몬 이 회초리를 우리는 결코 '사랑의 매'라고 이야기하지 않습니다.

어른들은 아이들에게 옳고 그름을 제대로 가르치기 위해서 때로는 꾸중이나 체벌이 필요하다고 생각하고 있습니다. 아동교육 전문가들 가운데도 이에 동의하는 사람이 적지 않습니다.

그런데 여기에는 따져봐야 할 문제가 있습니다.

아이에게 혼을 낸다는 것은 아이의 그릇된 행동이라고 하는 문제를 전제로 하고 있습니다만, 그릇된 행동이란 과연 어떤 행동을 말하고 있는지? 그릇된 행동의 개념은 무엇인지?

그리고 그런 행동이라고 간주하는 어른의 판단은 과연 타당한 것인지?

이에 대한 대답은 결코 간단하지 않습니다.

부모의 지시를 거역하는 아이의 모습을 '반항'으로 볼 것인가, 아니면 자신을 숨기지 않고 솔직하게 자신의 마음을 표현한 '자기주장'의 일부로 이해할 것인가?

깨끗한 종이를 찢으면서 무언가를 만드는 아이의 모습을 파손 행위로 간주할 것인가, 아니면 창조적 행위로 의미를 부여할 것인가?

집단놀이에 어울리지 않는 아이를 고립된 아이로 볼 것인가, 아니면 자기만의 세계 속에서 놀고 싶어 하는 개성적인 아이로 볼 것인가?

여기에서 어떻게 판단되는가라고 하는 것은 철저하게 힘의 논리가 작용합니다. 아이와의 관계 속에서 절대 강자의 위치에 있는 어른들의 판단이 중요하게 됩니다. 즉, 부모와 아이의 관계라고 하는 것은 절대 강자의 판단이 보호를 받고 있는 약자 입장에서는 어쩔 수 없이 받아들이게 되는 구조라는 것입니다.

어른과의 논쟁에서 이길 수 없는 아이들은 억울하지만 어른의 논리에 그저 고개 숙이며 인정할 수밖에 없는 절대 약자의 입장이라는 것입니다.

더욱 안타까운 것은 어른들 자신은 절제되지 못한 순간의 기분이나 그릇된 아동관, 편협된 가치관, 나약한 자아를 보상받으려는 욕심 등이 자신의 판단에 스며들어 있다는 것을 모르고 있다는 사실입니다.

우리 사회도 공범자입니다.

부모들은 자신의 말을 듣지 않거나 공부하지 않는 아이를 보면서 탄식합니다.

"내가 니를 어떻게 키웠는네 이럴 수가 있느냐?"

부모의 이런 탄식에 대해 우리 사회는 '자식 사랑'이라는 고귀하고 거룩한 말로 위로하지만, 부모에 대한 아이의 탄식에 대해서는 부모 마음도 모르는 불효자식으로 지탄합니다.

이제 부모의 웬만한 꾸중이나 체벌은 '부모의 사랑'으로 장식되면서 아이의 행동을 통제하는 수단으로 여과 없이 사용되고 있습니다. 이에 대해 문제를 제기하는 사람은 거의 없는 듯합니다.

'부모의 사랑'이라는 말이 들어가 버리면 부모는 어떤 행위라도 면죄부를 받게 되고, 아이들은 그저 순종해야만 하는 불문율이 되어 버렸습니다.

이처럼 '부모의 사랑'이란 말은 그동안 어른들에 의해 세상에서 가장 고귀하고 순수하며 최고의 선(善)인 양 아름답게 장식되어 왔습니다. 심지어 어른들은 '사랑의 매'라고 하는 이상한 단어까지 만들어서 자신들의 행동을 합리화해 왔습니다.

그러나 그 속을 자세히 들여다보면 아이에 대한 어른의 사랑은 자아도취적인 사랑일 뿐, 아이가 원하는 사랑이 아닌 경우가 많습니다. 그것은 어른의 입맛에 맞게 아이에게 희생을 강요하는 독선일 뿐입니다.

사랑이란 사랑하는 사람이 느끼는 것이 아니라, 사랑받는 사람이 느끼는 감정과 인식의 세계를 말합니다. 하지만 유독 아이들에 대한 사랑만은 어른들의 논리를 적용하고 있습니다.

그래서 사실 아이에 대한 어른의 행위를 사랑이라고 말하는 것은 논리적으로도 맞지 않는 이야기입니다. 사랑의 주체는 사랑으로 인식하기 전에 사랑의 수혜자의 반응을 기다려야 합니다.

진정으로 자녀를 사랑하는 부모는 자녀를 위한 사랑이라는 의식을 갖고 자녀 양육이나 지도를 하지 않습니다. 만일 그런 의식을 갖고 자녀를 양육하게 되면 본인도 한계를 느끼면서 지쳐 버리게 되고 오히려 육아불안으로 인해 아이에게도 부정적인 영향을 주게 됩니다.

진정으로 자녀를 사랑하는 부모의 모습은 단지, 자녀를 있는 그대로 받아들이고 그 세계를 이해하고 존중하며 신뢰하려고 하는 마음을 가질 뿐입니다.

대개 사랑의 주체자는 자신의 행위가 사랑이라고 생각하는 순간, 거기에는 자신도 모르게 자신의 에고(ego)가 포함되어 버립니다. 부모의 사랑에 에고가 포함되면 부모는 자녀에게 두려운 존재가 됩니다. 일본의 한 아동문학자는 한 신문의 기고란에 다음과 같은 글을 남겼습니다.

> 부모가 자식을 생각하는 것을 최고의 '선(善)'이라고 – 그렇게 부모가 생각했을 때, 또는 그렇게 믿고 있을 때 모(부)성은 최대의 폭력이 됩니다. 그러면 부모만큼 거북스럽고 아이들의 인생을 흙탕물로 만들어 버리는 인간도 없을 것입니다. 만일 그렇게 되었을 때 아이들은 부모만큼 두려운 존재는 없다고 생각하겠죠. 그래서 그러한 인간만은 절대 되지 않을 거라고 자립의 길로 들어서는 모습은 대부분의 아이들이 걸어온 길인 것입니다.

이런 부모를 정신분석가인 아리스 밀러는 '영혼의 살인자'라 불렸습니다. 영혼의 살인자가 되지 않기 위해서는 부모 사랑의 허구성을 인식해야 합니다.

예전에 가정의 달인 5월에 '부모 토막 살해'라는 끔찍한 패륜 사건이 발생한 적이 있습니다. 신문 기사의 내용을 보면 이 사건의 범인인 아들은 비교적 넉넉한 집안에서 태어나 명문 사립대에 재학중인 학생이었다고 합니다. 그가 초등학교 때부터 사건 직전까지 써온 노트 21권 분량의 일기 가운데는 다음과 같은 내용이 적혀 있었습니다.

> 집에 거의 없는 무뚝뚝한 아버지와 히스테릭한 어머니 밑에서 그야말로 한 순간도 눈치 보지 않은 적이 없다. 유치원 시절에도 문방구에서 장난감을 고를 때 무작정 싼 것을 고르느라고 정작 사고 싶은 건 입 밖에도 못 냈다. 초등학교 시절에는 어머니의 히스테리 밑에서 수없이 혼나고 두들겨 맞았다. 중학교 때는 절정에 이르러 거의 쓰레기 같은 자식 취급을 받았다. 그러면서 나는 눈치를 보며 감정을 속이는 법을 배웠다. 중3때까지 계속 자살을 생각했다.

이 내용은 그가 사건 3년 전에 과거를 회상하며 쓴 일기의 일부라는 것입니다. 비정한 부모 아래서 상처받은 모습이 읽혀지는 대목입니다. 그는 범행 10일 전 어머니가 자신을 괴롭혀 온 사실이 적힌 일기를 들이대며 어머니에게 난생 처음 대들었다고 합니다. 그러나 어머니의 반응은 냉정했습니다. 사건 당일까지 자식이 밥을 먹는지

조차 관심을 보이지 않은 어머니의 태도는 그를 궁지로 몰아넣었습니다.

이 어머니는 자녀를 엄하게 키워야 사람 구실을 한다고 믿었을 것입니다. 이렇게 하는 것이 자녀를 위한 부모의 사랑이라고 착각을 했었는지도 모르겠습니다.

아동 양육과 지도의 궁극적인 목표는 '아이들의 아름다움'에 있어야 하고, 어른들의 기대는 그 아름다움을 발견하는 데 있어야 한다고 생각합니다.

이 세상에 둘도 없는 한 인간으로 태어난 아이, 그 아이가 둘도 없는 한 인간의 소중함과 고귀함을 느낄 수 있도록 도와주어야 합니다. 그러려면 그 아이만의 세계가 무엇인지, 가만히 들여다보는 여유와 기다림이 필요합니다.

천재나 영재는 따로 존재하는 것이 아니라, 기다림의 여유와 미소로 아이를 대하다 보면 포장되지 않고 그 어느 누구에게도 없는 그 아이만의 세계가 표현되면서 '아이의 아름다움'이 나타날 때 비로소 알게 되는 '놀라움'인 것입니다.

어린 영혼의 살인

1990년대 초 당시 일본에서는 중국 잔류 고아들에 대한 문제가 사회적으로 큰 이슈가 되면서 이와 관련된 기사가 뉴스에서 비중 있게 다루어지고 있었습니다.

2차대전 당시 중국 대륙으로 진군한 일본군은 패전 후 고국으로 돌아갔지만, 일부 일본인은 잔류하거나 이들의 2세가 생기게 되었습니다. 거의 반세기가 지나고 나서 중국 잔류 고아, 즉 중국 잔류 일본인들의 귀국 문제가 당시 일본에서는 하나의 큰 사회적 이슈가 되고 있었습니다.

일본 정부와 민간단체는 이 문제에 대해 관심을 갖고 상호 협력 체제를 갖추어 이들의 혈육을 찾아 주고 고국에서 여생을 보낼 수 있도록 도와주고 있었습니다. 이들의 반세기만의 귀향, 혈육과의

극적인 상봉, 그리고 혈육을 찾지 못하고 눈물 흘리며 아쉬운 발걸음으로 고국을 뒤로 하는 모습이 거의 연일 TV에 보도되곤 하였습니다.

그런데 이로 인해 또 하나의 사회적 문제가 발생했습니다. 그것은 일본에 영주 귀국한 아이들의 적응 문제였습니다. 중국과 일본은 정치 체제나 경제, 사회, 문화 등이 너무나 다르기 때문에 이미 중국 생활에 익숙해져 버린 이들에게는 일본 생활의 적응이 쉽지 않았을 것입니다.

중국 잔류 고아 1세대는 그런대로 조국에 돌아온 감격과 옛 추억을 더듬어가며 소꿉친구를 만나기도 하고 친척들과의 교류도 하면서 살아간다지만, 문제는 전혀 낯설고 이질적인 사회 속에 적응해 나가야 하는 자녀들의 경우였습니다. 이들의 정서적 불안과 적응의 어려움이 사회적으로 문제가 되면서 일본 교육계나 심리학계에서는 이들에 대한 교육과 적응 문제와 관련된 연구가 하나의 주요 관심 테마가 되었습니다.

일본은 학교생활에 잘 적응하지 못하거나 학습이 어려운 학생에 대해서는 내외국인에 관계없이 개인 튜터를 붙여 주어 학교생활에 어려움이 없도록 일정 기간 도와주는 제도가 있습니다. 국가가 도움이 필요하거나 부적응 학생에게 개인 교사를 붙여 주는 것입니다. 튜터는 담당 아이를 정기적으로 만나서 상담도 해주고 학습지도도 해주게 됩니다. 물론 튜터에게 지불하는 비용은 일본 정부나

지방자치 단체가 부담을 합니다.

필자도 석사 과정과 박사 과정에서 일본인 튜터의 도움을 받기도 하고, 반대로 내 자신이 튜터가 되어서 일본 학교에 잘 적응하지 못하는 한국인 아이들을 도와주었던 적이 있었습니다.

일본에 영주 귀국한 2세들에게도 일본 정부는 일본 문화를 이해하고 잘 적응할 수 있도록 도와주기 위해 튜터 제도를 잘 활용했을 것입니다. 특히 이들의 문제는 일본 역사의 아픔이기 때문에 국가적으로 이들에 대한 지원을 아끼지 않았을 것입니다.

그런데 쇼킹한 사건이 터졌습니다.

고등학생인 한 귀국 자녀가 담임선생님을 살해한 사건이 발생했던 것입니다. 이해할 수 없는 것은 제자에 의해 살해당한 이 선생님은 사실 학교에 잘 적응 못하는 귀국 자녀인 이 학생을 위하여 매우 헌신적으로 도와주었던 소위 모범적인 교육자로 알려져 있었다는 것입니다.

방과 후에는 이 학생만을 남게 해서 특별 지도를 해주기도 하고, 그것도 부족하여 가정 방문까지 하면서 일본어와 교과를 가르쳐 줄 정도로 열정을 갖고 도와주었던 선생님이었다는 것입니다.

누가 보더라도 이 학생을 위해 그 모든 것을 헌신한 사도의 표상과 같은 교사였습니다.

그러나 이 학생은 그런 선생님을 살해했습니다.

이 아이의 행동을 어떻게 이해하고 설명할 수 있을까?

심리 전문가들도 그 답을 찾지 못했습니다.

신체적으로 해를 입히거나 위협한 것도 아닌데, 단지 학교생활에 잘 적응할 수 있도록 도와주었을 뿐인데….

굳게 다물었던 아이의 입은 열렸고, 사람들은 "아, 그랬었구나!" 라고 조금씩 이해하기 시작했습니다.

중국에서 태어나 대륙의 공기를 마시면서 중국의 삶에 동화되어 살아왔던 자신이 갑자기 그 모든 것을 부정하고 모든 면에서 너무 이질적인 일본인이라고 하는 새로운 인간의 삶을 살아가야 하는 현실 앞에 그는 두려워했던 것입니다.

이제까지 익숙했던 자신의 정신세계가 철저하게 거부당하면서, 이제까지 살아온 나는 누구였으며 무슨 의미가 있었는지를 고뇌하게 되었고 자신의 정체성을 포기하지 않으려고 몸부림을 쳤던 것입니다.

자기를 찾기 위한 몸부림이 너무나도 힘들었는지, 자신의 고유 정신을 부정하며 오직 일본인으로 살아가도록 몰아붙이는 선생님의 모습이 마치 자신의 영혼을 말살하려고 드는 위협적인 존재로 느껴졌나 봅니다. 선생님의 교육적 열정은 대단했지만, 그 열정이 오히려 아이에게는 자신의 정체성을 위협하고 파괴하는 무서운 영혼의 살인자와 같이 느껴졌을 것입니다.

자신의 고유의 세계를 부정하며 완전한 일본인으로 살아가기를 독려하는 선생님의 열정은 무형적 폭력이었고, 아이는 이에 방어적 본능을 느꼈던 것 같습니다.

아이들 고유의 정신, 그들만의 세계를 부정하고 자신의 의도와 생각대로 지시하고 조작하려고 드는 어른의 모습은 자신의 영혼을 죽이는 살인자로 아이의 마음에 각인될지도 모릅니다.

아이를 위한 어른의 수고와 열정은 대단히 훌륭하고 아름다운 것이라고 자찬할지 모르지만, 그로 인해 상처받은 힘없는 어린 영혼들은 그 누구에게도 보상받지 못하고 살아가고 있습니다.

법에는 '정당방위'라는 것을 정해 놓고 있습니다. 자신이 외부로부터 위협을 느꼈을 때 그 외부의 위협으로부터 자신을 보호하기 위해 사용하는 행위는 정당방위로 인정받으며 법적으로도 그 책임을 묻지 않습니다. 여기에는 심리적 정당방위도 있어야 한다고 생각합니다.

어떻게 보면 이 학생의 살인도 심리적으로 정당방위였다고도 할 수 있습니다. 중국에서 태어나 자라면서 살아온 중국인으로서의 영혼이 완전히 부정되면서 일본인으로 재창조하려고 드는 선생님은 자신의 영혼의 호흡을 끊으려고 하는 살인자로 와 닿았고 그로부터 자신을 보호하기 위해 최후의 선택을 한 것입니다.

아이들 고유의 정신을 무시하고 어른의 가치 판단을 일방적으로 주입시키려고 드는 교육은 어른의 무지와 착각덩어리일 뿐, 그 이상의 아무것도 아닙니다.

욕심으로 가득한 어른의 열정과 수고는 무지와 착각덩어리의 소산(所産)이요, 그 열매는 아이들의 희생인 것입니다.

교육의 궁극적 목적은 어디까지나 아이의 행복에 초점이 맞추어져야 합니다. 그리고 아이의 행복은 아이의 고유 정신을 얼마나 존중하는가에 있다는 사실을 잊어서는 안 될 것입니다.

놀이 상실의 시대를 살아가고 있는 아이들

"한국에서 자란 아이가 빨강을 '레드'라고만 알아요. 도화지에 빨강색을 칠해 보라고 했더니 못 알아듣더군요. 만 3세인 어떤 아이는 한글을 읽고 쓰는 것은 잘하지만 선생님이 지시하는 말은 이해하지 못해요." 서울 강남의 모 유치원 Y교사는 유치원에 들어오기 전 다양한 교육을 받는 아이들의 실상을 이렇게 전하면서 어이없어 한다는 글을 신문에 기고하였습니다.

두 살 난 아이의 학습지 교육을 권유받은 주부 정모 씨는 "옆집 18개월짜리도 배우고 있다는 말에 시대에 뒤떨어지는 아이를 만들 것 같아 겁이 덜컥 났다."고 말하기도 하는 등 우리 사회는 조기 교육 열풍이 어린 유아들에게까지 번지고 있습니다.

부모들은 '다른 애들보다 뒤질세라' 너도나도 조기 교육에 혈안이 되어 있습니다. 그래서인지 놀이터에는 아이들의 모습이 보이지 않습니다.

동네 놀이터의 모래사장에서 얼굴이나 옷에 흙을 묻혀 가며 노는 아이들의 모습은 보기 어려워졌습니다. 이마에 흐르는 땀을 연신 옷소매로 훔쳐대며 술래잡기를 하는 아이들의 모습은 이제 역사 속의 이야기가 되어 버렸습니다.

300년 전부터 영국에는 "공부만 하고 놀지 않는 아이는 바보가 된다."는 속담이 있었다고 합니다. 당시 세계를 호령했던 영국이 인간에게 놀이가 얼마나 중요한지를 일찌감치 알았던 것 같습니다.

풍부한 상상력이나 창의적 사고는 놀이를 통해서 육성됩니다. 공부를 통해서 육성되는 것이 아닙니다. 오늘날처럼 인공적인 장난감이 흔치 않았던 시절에는 자연이 장난감이었습니다. 땅이 도화지였고, 돌이 연필이었습니다. 흙으로 빵이나 떡을 만들고, 집도 짓고, 강아지도 탄생시켰습니다.

흙 하나로 세상을 창조하면서 놀았습니다.

비가 오면 웅덩이의 고인 물에 나뭇잎으로 만든 배를 띄워서 놀기도 했습니다. 소나무 껍질을 물 위에 띄워 보면 잘린 껍질의 꽁무니에서 흘러나오는 나무기름으로 추진력을 얻으면서 앞으로 나아가는 것을 신기하게 보면서 놀기도 했습니다.

그러면서 다양한 나무껍질로 실험하면서 어린 나무에서 기름이 많이 나오는지, 아니면 늙은 나무인지를 실험해 보기도 했습니다.

친구들과 누가 멀리 나가는지 겨루면서 한나절을 보냈습니다. 이런 놀이를 하다 보면 '생각하는 힘'이 육성됩니다.

생각하는 힘은 곧 '살아가는 힘'을 의미하고 있습니다.

그리고 기분도 좋아집니다. 마음이 즐거워지고 친구들도 생기게 됩니다.

이전에는 아이란 원래 그냥 가만히 내버려 두어도 스스로 알아서 잘 노는 존재로 생각했습니다. 아이는 선천적으로 놀이의 천재라는 인식이 있었던 것 같습니다.

하지만 이것은 잘못된 인식입니다.

놀이의 즐거움은 경험을 통해서 알게 됩니다.

놀이를 경험하지 못한 아이들은 놀이가 얼마나 즐겁고 신나는 것인지를 알 수가 없습니다.

요즘 놀이의 즐거움을 모르는 아이들이 점점 많아지는 것 같습니다.

그러면 당연히 놀이능력은 육성되기 힘들고, 놀이능력이 육성되지 않으면 이들에게 생각하는 힘이나 살아가는 힘을 기대하기 어렵습니다.

공부하는 능력만으로는 살아가는 힘을 기대하기 어렵습니다.

공부에는 풍부한 상상력이나 창의력, 친구, 즐거움이 존재하지 않습니다.

오늘날 우리 아이들이 놀이 상실의 시대를 살아가고 있습니다.

아이들의 행복을 위해서는 공부하는 능력보다는 놀이능력의 육성이 필요하지만, 이제까지 어른들은 '놀이'가 지니고 있는 '의미'에 대해서는 그다지 생각해 보지 않았던 것 같습니다. 그리고 놀이에 대한 이해를 의외로 잘못하는 경우도 많은 것 같습니다.

어른의 세계에서는 '놀이의 개념'을 '노동이나 공부'와 대립되는 개념으로 이해하면서, 피곤함이나 스트레스를 해소시켜 주는 수단으로 이해하고 있습니다. 그러다보니 놀이를 소모적인 것으로 이해하는 경우가 많은 것 같습니다.

그러나 아이들의 세계에서는 그렇지 않습니다. 피곤함이나 스트레스를 풀어 주는 수단이 아니라, 그 자체가 목적이며, 살아가는 힘을 키워 주는 생산적인 활동입니다.

아이가 단지 신나게 즐겁게 노는 것만으로는 만족하지 않습니다. 놀이를 통해서 무언가 하나라도 배우길 원하고 있습니다.

문제는 어른들이 제공하는 놀이에는 대개 의도가 있다는 것입니다.

좀 더 똑똑해지고 공부도 잘할 수 있는 능력을 육성하는 데는 어떤 장난감이 좋을까?

놀이시간을 허용하고 놀잇감을 제공하면서도 거기에는 교육적인 의도가 포함되어 있습니다.

이렇게 되면 놀이를 통해서 어른이 의도하는 목적은 이룰 수 있을지는 모르겠지만, 다른 소중한 경험은 못하게 됩니다.

어린이집이나 유치원에는 '자유선택 활동시간'이라는 게 있습니다. 다양한 영역이 설정되어 있고 각 영역에는 교사가 의도하는 것을 아이들이 학습할 수 있도록 놀잇감들이 즐비하게 놓여 있습니다. 예를 들어, 언어 영역에 다양한 곤충그림 카드와 곤충이름이 적힌 카드가 놓여 있다고 할 경우, 아이들이 곤충그림과 이에 맞는 곤충이름을 짝짓는 카드놀이를 통해서 다양한 곤충의 종류도 학습하고, 카드에 적힌 글도 이해할 수 있는 능력을 키우는 데 도움이 될 것으로 기대하고 있습니다. 이것은 과학영역과 언어영역을 통합한 학습이라고 할 수 있습니다. 이렇게 하면 아이들은 다양한 곤충의 종류도 알게 되고, 그 이름도 알게 될지는 모르겠습니다.

하지만 아이들이 밖에 나가서 나무나 꽃에 붙어 있는 곤충이나 벌레를 관찰하면서 나름대로 그 세계를 이해하고 관찰한 것을 이야기하게 해보면 다양한 곤충의 종류, 생김새, 냄새, 먹이를 취하는 방법, 집의 모양, 자기들끼리 다투는 모습 등, 교사가 의도하지 않았던 새로운 지식이나 재미있는 이야기들이 아이들의 입에서 끝없이 나오는 것을 볼 수 있습니다.

어떤 교육적 의도를 가지고 제공되는 놀이를 통해서는 아이들이 그 의도에 따라 하나 둘을 배우게 될지는 모르겠지만, 아이에게 맡겨진 놀이는 어른이 의도하지 않았던 서너 개의 지식을 더 깨닫게 되는 것 같습니다.

또한 아이들 자신이 발견하고 체험적으로 알게 된 지식은 머릿속에 오랫동안 기억됩니다. 동시에 발견의 즐거움, 표현의 기쁨, 그 표현을 인정받았다는 자신감은 교육장면에서는 얻을 수 없는 쾌감입니다.

초등학교 운동장처럼 꽤 넓은 바깥놀이 공간을 갖고 있는 일본의 한 어린이집을 방문하였을 때입니다. 운동장 가장자리에는 꽤 높은 나무들이 몇 그루 있었고, 그 나무에서는 매미소리가 끝없이 들려오는 한여름이었습니다.

마침 아이들이 낮잠을 자고 오후 간식을 먹고 있는 시간이었습니다. 아이들은 오후 간식으로 수박을 먹고 있었는데, 조그마한 수박에다 제대로 익지도 않았습니다.

그럼에도 아이들은 한 조각도 남기지 않고 맛있게 먹는 모습이 퍽 인상적이었습니다.

아이들이 먹는 모습을 보고 있던 나에게 선생님이 다가와 수박에 대한 이야기를 해주었습니다. 이 수박은 바로 아이들이 집에서 가져온 씨로 어린이집 담장 밑에 뿌려서 키운 것이라고 하는 것입니다.

나도 한 조각을 먹어 보았지만 달지도 않았습니다.

선생님의 말은 이어졌습니다. 자신들이 물도 줄고, 풀도 뽑아 주면서 힘들게 키운 수박이라서 비록 슈퍼에서 파는 수박보다 맛은 없지만 남김없이 잘 먹는다는 것입니다. 무엇보다도 자신들이 심은 수박이기 때문에 열심히 보살피면서 하루하루의 변화에 신기해하고 민감하다는 것입니다. 그래서 씨에서 새싹이 나고, 꽃이 피고 열매를 맺는 과정에서 선생님이 알고 있는 지식보다 더 많은 것을 알게 된다는 것입니다.

수박을 다 먹은 아이들은 하나같이 운동장으로 나갔습니다.

그리고는 너도나도 매미채를 잡고는 나무쪽으로 향했습니다. 귀청을 울리는 매미 소리에 아이들은 귀 기울이며 매미를 찾고 있었습니다. 매미채가 닿지 않는 곳에 있는 매미를 발견한 아이들은 나에게 다가와 목마를 태워달라고 하기도 했습니다.

그러는 동안 자연스레 아이들과 친해지게 되었습니다. 한 아이는 매미를 잡고는 나에게 자랑하면서 입, 눈 등 매미의 생김새, 암컷인지 수컷인지 등을 마치 매미 박사나 되는 것처럼 설명해 주었습니다.

나는 "그렇구나, 야~ 대단하다!"라고 칭찬하면서 질문을 던졌습니다.

"매미가 저기(손가락으로 나무 위에 붙어 있는 매미 허물을 가리키면서)에서 옷을 벗고 나오는구나. 근데 언제 옷을 벗지? 알고 있어?"

아이의 반응은 당당했습니다.

"알아요!"

아이들의 놀이 세계에는 어른들의 교육적 의도가 포함되어서는 안 됩니다. 만일 교육적 의도가 포함되어 있다면 그것은 놀이가 아니라, 어떤 목적을 갖고 있는 활동에 지나지 않습니다. 좀 더 직설적으로 표현하면 놀이라는 형태를 띤 학습 활동에 지나지 않습니다.

자유로운 놀이를 통해서 아이들이 각각 다양한 학습적인 것들을 나름대로 자연스레 알게 되도록 하는 것이 바람직합니다. 그러나 여기에 어른들의 교육적 욕심이 들어가 버리게 되면 놀이를 통해서 얻을 수 있는 두 가지 소중한 열매를 놓치게 됩니다.

하나는 앞에서도 언급했던 것처럼 어른들이 제공하는 놀이를 통해서 아이들은 어른들이 의도하는 지식은 학습할지는 모르지만, 더 다양하고 새로운 지식을 습득하거나 경험할 수 있는 기회를 놓쳐 버리게 된다는 것입니다.

어른들이 만든 놀이 세계는 고작 한두 가지, 많아도 서너 가지 정도의 교육적 의도밖에 없는 빈곤하고 정형화된 놀이 세계이지만, 아이들이 만든 놀이 세계는 그 이상의 지식을 습득하고 경험할 수 있는 풍부하고 창조적인 놀이 세계입니다.

더군다나 교사 한 명이 만들어 내는 놀이 세계와 많은 아이들이 각각 나름대로 만들어 내는 놀이 세계는 어느 것이 더 풍부하고 더 창조적인 놀이 세계가 될 수 있는지, 누가 보더라도 자명한 일입니다.

그러나 놀이 세계에서도 자신들의 욕심으로 통제하려고 드는 어른들의 어리석음과 무지는 아이들의 정신세계를 더욱 빈곤하게 만들어 가고 있습니다.

막 닭장에서 꺼내온 계란을 조심스레 두 손으로 모아들고는 소리치면서 한 아이가 다가왔습니다.

"선생님, 너무 따뜻해요. 만져 보세요."

그러자 주위에 있던 아이들도 한 명 두 명 모이기 시작하였습니다.

서로 만져 보려고 아우성입니다.

담임선생님이 나타나서 아이들을 줄을 세워서 차례대로 만져 보게 했습니다.

"아! 따뜻해."

"신기해."

이제까지 엄마가 슈퍼에서 사온 차가운 계란만을 만져 본 아이들은 엄마 닭에서 갓 나온 따뜻한 계란을 체험하면서 '생명'이란 무엇인지를 느끼고 있는 것 같았습니다.

"조심해, 아직 살아 있어."

"따뜻하잖아."

모두들 손에서 떨어질까 조심스레 두 손으로 받아들고는 처음으로 느껴 보는 계란의 따뜻함에 신기해했습니다.

선생님도 신기해하면서 만져 보았습니다.

"선생님도 엄마 품에서 갓 나온 따뜻한 계란을 처음 만져 보는걸."

모든 아이들이 실내에서 노는 동안, 한 아이가 밖으로 나와 닭장 밖에서 서성이다 발견한 계란을 통해 선생님도 의도하지 않았던 소중한 경험을 하고 있는 모습이었습니다.

그것은 바로 생명이란 무엇인가에 대한 경험이었습니다.

아이들은 엄마 품에서 갓 나온 계란의 따뜻함을 통해서 생명의 신비함, 소중함, 그리고 생명이란 어떤 느낌인지를 경험하게 된 것입니다.

또 하나는 놀이의 상실은 아이들의 정신 건강의 상실을 의미하고 있습니다.

놀이 세계 속에서 아이들은 자기표현을 하고 자신을 성장시켜 나갑니다. 놀이 세계에서는 그 어느 누구의 구속이나 통제를 받지 않는 완전한 자유로움이 있습니다.

자기표현의 실현과 자유로움은 인간을 건강하게 만듭니다.

놀이의 생명은 즐거움입니다.

'즐거움'이라는 감정을 정확히 설명하기란 쉽지 않지만, 어떤 일에도 구속받지 않는 자유로움을 통해서는 느끼는 상쾌한 기분 같은 것인지도 모르겠습니다.

놀이에 완전히 몰입한 상태에서는 '즐겁다'라는 기분조차 느끼지 못하는 경우도 있겠지만, 놀이가 끝난 다음에 "아~ 즐거웠다!"라는 과거형의 표현을 하게 될 것입니다.

놀이는 그 순간순간의 즐거움과 기쁨, 그리고 만족 그 자체이며, 그 활동을 통해 무언가 타인에게 도움을 주거나 다른 가치 있는 결과를 생산하고자 하는 것이 아닙니다.

놀이는 비생산적인 활동이며, 가치를 추구하는 활동이 아닙니다.

흙으로 열심히 집도 만들고 산도 만들고 동물도 만들었지만, 집과 산과 동물들은 다시 평범한 흙으로 돌아갑니다.

나뭇잎으로 밥도 만들고 반찬도 만들었지만, 밥도 반찬도 먹지도 못한 채 버려집니다.

놀이의 결과는 무(無)입니다.

굳이 놀이를 통해서 얻을 수 있는 것을 말한다고 한다면 아이의 마음속에 남아 있는 즐거움이나 상쾌함 정도일 것입니다.

이것이 놀이의 본질이고, 그렇기 때문에 놀이는 의미가 있습니다.

만일 학습이라고 하는 생산성을 추구하고, 작품이라고 하는 가치 창조를 위한 수단으로 놀이가 제공된다면 그것은 놀이의 상실을 의미하고 있습니다.

놀이의 상실은 곧 생각하는 힘의 상실, 살아가는 힘의 상실, 정신 건강의 상실을 의미하기도 합니다.

놀이가 어떤 목적을 향해 제공되어서는 안 됩니다.

놀이는 어떤 목적이나 그 무엇을 위한 수단이 아닌, 그 자체가 목적이고 수단인 활동이 되어야 합니다.

그러나 '소유'에 혈안이 되어 있는 어리석은 어른들, 아이들이 살아가야 하는 긴 삶의 여정 가운데 놀이의 의미를 깨닫지 못하고 알려고도 하지 않는 어른들은 자신의 인생처럼 아이를 '경쟁'과 '소유'의 도가니 속으로 내몰고 있습니다.

이런 현실은 절망 그 자체입니다.

자연은 생명이며, 모든 생명체는 필연적으로 생명 보존의 속성을 갖고 있습니다.

생명 보존의 속성은 필연적으로 환경에 적합한 자신을 적응시키고 변화시키는 힘을 갖게 됩니다.

환경에 적합한 형태로 자신을 적응시키고 변화시키지 못하는 생명체는 결국 도태되어 버립니다.

이것이 자연의 원리이며, 생존의 법칙입니다.

인간도 자연의 일부이며, 동시에 어느 생명체보다 적응력이 강한 존재입니다.

그러나 오늘날 이런 인간의 적응력이 점점 약화되면서 많은 사람들이 불안과 공포, 우울한 정신세계에서 살아가고 있습니다.

이런 적응력은 특히 어릴 때의 경험이 큰 힘이 되며, 이 큰 힘의 원동력은 역시 놀이입니다.

역사를 훑어보면 어느 시대에도 놀이는 아이들의 세계에서는 노동과 동일한 개념으로 간주되면서 어른 세계와는 다른 세계임을 구분해 주는 하나의 굵은 선과도 같았습니다.

인류학자들의 조사 연구에 따르면 소꿉장난은 유아 특유의 놀이로서 세계의 어느 원시 사회에서나 보편적으로 퍼져 있었음을 알 수 있습니다.

이것은 곧 놀이는 시대와 문화를 초월해서 인간 생존 법칙에 필연적으로 속해야 하는 보편적인 활동이라는 것을 의미하고 있습니다.

그러나 오늘날 아이들은 불행하게도 '놀이 상실의 시대'를 살아가고 있습니다.

환경에 적응하기 위해 스스로 성장하고 변화시킬 수 있는 힘의 원천이 놀이에서 나온다는 사실을 인정하려고 하지 않는 어른들은 오늘도 자신의 생각에 따라 아이를 조작하려고 하고 있습니다.

아이는 자연의 일부이며, 아동의 생명은 궁극적으로 자연의 흐름에 조화되어야 합니다. 자연의 흐름에 가장 조화로운 아이의 모습은 놀이입니다.

그러나 이런 자연의 순리에 역행하면서 어른들의 의도대로 만들어진 아이들의 영혼은 제대로 숨도 못 쉬고, 헐떡이면서 하루하루를 보내고 있습니다.

최근 정신의학자들의 연구 보고서에 의하면 우울증 증세를 보이는 아이의 숫자가 점점 늘어나고 있다고 합니다. 원래 '우울증'이란 어른들의 정신병이며, 아이들의 정신 위생과는 거리가 먼 이야기였습니다.

그러나 이 병이 어느새 성역으로만 여겨졌던 어린 아이의 마음 세계까지 침투하여 아이들을 우울하게 만들고 있습니다. 소외나 허무, 무력감에 힘들어 하는 아이들이 많다는 이야기입니다.

어른들의 세계에서만 보였던 불안 신경증, 삶에 대한 의욕상실, 정신분열증 등의 병리적 현상은 어린 아이들의 정신세계에서도 나타나고 있습니다.

"피곤하다, 힘들다, 괴롭다"는 표현이 이제 아이들의 언어가 되어 버렸습니다.

'놀이 상실의 시대'에서만 볼 수 있는 희귀한 현상들입니다.

아이의 세계에서 놀이를 박탈한 어른들은 자신의 판단이나 행위가 마치 아이를 위한 것이라고 믿고 있는 완전한 자가당착적 세계에 빠져 있습니다. 이러한 어른들의 모습에서는 어떤 신선한 동기도 찾아보기 어렵습니다.

어른들의 눈에 '놀이'는 하나의 사치이며 무의미한 행위에 불과할지 모르지만, 아이들에게는 최대의 행복입니다.

아이다운 모습으로 살아가는 데 가장 중심적인 역할을 하는 것은 역시 놀이입니다.

놀이는 아이들의 생명입니다.

놀이 속에 살아가는 아이들에게서는 역동적인 새로운 생명감을 느낄 수 있습니다.

그러나 놀이를 상실한 아이들에게서는 아이다움도 새로운 생명력도 느끼기 어렵습니다.

어릴 때 아이의 모습에서 어른스런 모습을 발견하면서 좋아하는 사람이 있습니다.

어리석은 어른들은 어른스러워진 아이를 바라보면서 우리 아이가 똑똑해졌다고 흐뭇해할지 모릅니다. 조숙한 아이를 우리는 소위 영재나 수재라 부르고 있지만, 이들은 단지 놀이가 허용되지 않는 환경에서 어쩔 수 없이 아이다움을 포기하고 어른스런 모습을 보이고 있을 뿐입니다.

아이가 아이다운 모습보다는 성숙한 어른의 생각과 행동을 한다는 것은 놀이를 제대로 경험하지 못했다는 것입니다.

이런 아이는 나중에 어른이 되었을 때 박탈당한 어린 시절을 되찾으려고 자기중심적이고 유아적인 행동을 취하는 경우가 많습니다.

아동기에는 놀이를 통해서 아이다운 모습을 충분히 표현할 수 있는 기회를 제공해야만 성숙한 어른이 될 수 있습니다.

아이다운 아이는 어른다운 어른이 될 수 있지만, 어른다운 아이는 나중에 아이다운 어른이 되어 버리기 쉽습니다.

유아 교육의 선구자인 프뢰벨은 "개성의 존중과 성숙된 인간 완성의 길은 '놀이'를 통해서만이 가능하다."고, 그 누구보다도 놀이 경험의 중요성을 설파한 사람입니다. 그래서 그는 이 이념을 실현하기 위해 세계 최초로 유치원을 만들었습니다. 유치원은 독일어로 kindergarten이라고 하는데, kinder라는 말은 '어린이'라는 뜻이며, 뒤에 나오는 말은 동산이나 정원, 뜰이라는 의미를 갖고 있습니다. 당시 프뢰벨은 '아이들이 뛰어노는 동산이나 뜰'이라는 그림을 그리면서 유치원을 만들었지만, 오늘날의 유치원이나 어린이집은 이런 모습과는 거리가 먼 것 같습니다. 유치원은 학습의 장으로 변모하면서 놀이는 수단으로 전락되어 버렸습니다.

그의 명저인 『인간 교육(人間敎育)』이라는 책에는 다음과 같은 내용이 기술되어 있습니다. "놀이는 선(善)의 모든 원천(源泉)입니다. 피곤하고 지칠 때까지 놀이에 열중하는 아이들은 어른이 되면 타인의 행복을 위해 헌신적으로 노력하게 되며 자기 자신도 행복한 사람이 됩니다. 놀다가 피곤에 지쳐 곤히 잠든 아이의 모습은 우리 아이들의 모습 가운데 가장 아름다운 모습입니다. 놀이는 그 사람의 생애를 결정짓는 작은 나무와도 같습니다. 그 사람의 마음이 깨끗한가 아니면 오염되었는가, 온순한가 아니면 난폭한가, 성실한가 아니면 게으른가는 모두 어린 시절을 어떻게 보냈는가에 의해 결정됩니다."

학생들의 장난기

수업이 시작되기 전 한창 나른해지던 오후의 일이었습니다.

강의실 앞의 복도에서 교수님과 저희들은 약간의 거리를 두고 화장실로 향했습니다.

그 순간 우리는 장난기가 발동했습니다.

교수님께서 남자 화장실에 혼자 들어가신 것을 확인한 후 재빨리 문을 닫고 복도에 비치되어 있던 소화기와 그 옆에 무거워 보이는 쓰레기통을 이용해 문을 막았습니다.

그리고 마지막으로 화장실의 전등 스위치 두 개를 모두 OFF로 바꾸고 강의실로 뛰어 들어왔습니다.

우리는 긴장된 마음으로 기다리고 있었고 드디어 교수님께서 강의실로 들어오셨습니다. 그리고는 마음 좋은 웃음을 보여 주시며 하신 한 말씀.

"유아 교육을 공부하는 사람은 이런 장난기도 있어야 합니다."

교수님의 이 말씀이 아직도 우리들의 귓가에 쟁쟁하게 기억됩니다.

한 대학에서 강의 중 쉬는 시간에 경험한 일입니다.

당시 나는 화장실에서 갑자기 불이 꺼지고 문이 열리지 않아 잠시 당황했지만, 도망치는 학생들의 뒷모습을 문 사이로 보고는 학생들의 장난이라는 것을 알아차렸습니다.

교실에 돌아와서 취한 나의 의외의 태도가 강하게 인상에 남았던지 학생들이 학교 신문에 그런 글을 실었던 것입니다.

아이들은 장난꾸러기입니다.

장난은 아이들의 본질이며 생명입니다.

만일 장난을 모르는 아이가 있다면 그 아이의 마음은 병들어 있는 경우입니다.

소리 지르고, 까르르 웃어대고, 이리저리 뛰어다니고, 물건은 부서지고, 옷은 찢겨지고…

이런 모습 속에 아이들의 행복이 있습니다.

이런 모습이 '아이들의 행복'이라고 느끼며 미소 지으며 바라볼 수 있는 어른의 여유는 역시 자기 자신도 장난을 좋아하고 즐길 줄 아는 사람만이 갖는 마음입니다.

'평균화'에 의해 매장되고 있는 아이들

"우리 아이는 지금 무슨 생각을 하고 있을까?"

"왜, 저런 행동을 하지?"

아이의 마음, 아이의 행동이 궁금하기 짝이 없습니다.

아이의 마음을 잘 이해해서 훌륭하게 키우고 싶은 바람은 모든 부모의 마음일 것입니다.

요즘 아이의 마음을 알 수 없다고 답답해하는 부모들이 부쩍 많아진 것 같습니다.

사실 아이의 마음을 알 수 없다고 답답해하는 현상은 요즘만의 일은 아니었던 같습니다. 그 옛날 프랑스의 교육사상가인 루소도 『에밀』이라는 책에서 "어른들은 아이에 대해서 전혀 모르고 있다."고 탄식하였습니다.

인간의 행동이나 마음에 대해서 과학적으로 연구하는 학문을 '심리학'이라 부르고 있습니다.

그 대상이 아동이면 아동 심리학, 청년이면 청년 심리학이 됩니다.

아동 심리학에서는 아이들의 행동을 관찰하거나 실험하기도 하고, 직접 아이들에게 이것저것 물어보기도 하는 방법을 통해서 아이의 마음을 알려고 합니다.

이런 방법을 통해서 아동 학자들은 아이들의 마음이나 행동에서 공통적인 것을 끄집어내어서 영아의 마음과 행동특징, 유아의 마음과 행동특징 등, 아이들에 대해서 이론을 만들어 냅니다. 즉, 아이의 마음이나 행동 공식 같은 것을 만들어 냅니다.

부모나 교사는 학자들의 이런 이론에 근거하여 아이를 이해하고 지도하게 됩니다.

'아동 심리학'이라는 학문의 발전 덕택에 아기는 대개 생후 몇 개월이 되면 걸을 수 있게 되고, 몇 살이 되면 몇 개의 단어를 사용할 수 있는지를 알 수 있게 되었습니다.

발달 단계에 따른 아동의 상태가 보다 명확해지면서 영아기에 중요한 양육태도는 무엇이며, 유아기에는 어떤 경험이 중요한지를 알 수 있게 되었습니다.

'무엇을, 언제부터, 어떻게'라고 하는 자녀 양육의 공식을 찾고 있던 부모들은 매뉴얼화 된 육아 정보에 매료되어 자녀를 가르치고 지도하는 데 활용하고 있습니다.

그런데 사실 '아동 발달심리학'이라는 학문의 발전은 아이들을 더 알 수 없게 만들어 버렸습니다. 이 표현은 논리적으로 모순이지만, 현실적으로는 사실입니다.

왜냐하면 아동 발달심리학에서 말하는 '아동'이란 "실험이나 조사, 관찰이라는 방법을 통하여 다양한 아이들의 모습을" 수집하여, 이것을 '평균'이라고 하는 산술적 방법을 통해 만들어 낸 가상의 아동이기 때문입니다.

그러므로 이 가상의 아이, 즉 통계학이라고 하는 산술적인 방법으로 만든 평균치의 아이는 내 아이와 다를 수밖에 없습니다.

또한 이 가상의 아이는 50년 전이나 30년 전이나 지금이나 그 모습이 변하지 않습니다. 그러나 내 아이는 산술적으로 계산해서 나오는 아이가 아니며, 어느 누구와도 다른 고유의 세계를 살아가고 있고, 지금 이 시간에도 숨을 쉬면서 하루하루가 다르게 끝없이 성장하면서 변하고 있는 현실적인 아이입니다.

그렇기 때문에 '책에 나와 있는 아이의 모습(즉, 평균적인 가상의 아이 모습)'을 기준 틀로 삼고 내 아이를 바라보게 되면 당연히 내 아이는 무언가 보통이 아닌 이질적인 존재로 와 닿게 됩니다.

한 명 한 명의 아이에 대한 이야기, 즉 지금 내 옆에서 뛰놀고 있는 '민수'라고 하는 고유명사를 갖고 있는 한 아이에 대한 이야기를 책에 나와 있는 '평균적인 가상의 아이'에게서 얻은 지식으로 바라보게 되면 '민수'는 발달적으로 열등생이 되거나 우등생이 될 것입니다.

그런데 발달과정에서 열등생이나 우등생은 의미가 없습니다.

왜냐하면 민수는 '민수의 발달과정'이라고 하는 세계 속에서 살아가고 있고, 지수라는 아이는 '지수의 발달과정'이라고 하는 세계 속에서 살아가고 있기 때문입니다.

아직 만 4살밖에 되지 않은 민수는 지수보다 훨씬 능숙하게 그림 동화책을 읽어 내기도 하고 자기 이름을 쓸 수도 있고, 수 개념의 발달도 빨라서 간단한 덧셈이나 뺄셈도 할 수 있다고 해서 민수가 지수보다 더 똑똑한 것은 아닙니다.

지수는 지수의 세계에서 민수가 경험하지 못하는 더 소중한 경험을 하고 있을지도 모릅니다.

부모들은 학습적인 것에만 가치를 부여하고 더 소중한 경험들, 예를 들어, 친구들과 함께 논다든지, 자기보다 나이 어린 동생들을 돌보아 준다든지, 친구의 잃어버린 물건을 함께 찾아 준다든지 하는 모습에 대해서는 학습능력만큼이나 가치를 부여하지 않는 것 같습니다.

사실 우리 아이들이 동화책을 읽을 수 있고, 글씨를 쓸 수 있고, 덧셈이나 뺄셈을 할 수 있는 능력은 초등학교에 가서 하면 금방 해결되는 것들입니다.

그러나 무엇이 진정으로 아이들에게 '살아가는 힘'이 되는가를 알지 못하는 어른들은 오늘도 어린 아이들을 학습의 세계로 몰아넣고 있습니다.

예를 들어, 덧셈이나 뺄셈의 계산 능력을 영아들에게 가르치려고 한다면 적어도 2년 이상 걸릴지도 모릅니다. 아니면 불가능할지도 모릅니다. 만일 이 아이들이 만 4~5세가 되었을 때 가르치면 개인차는 있겠지만 몇 달에서 1년 이상이나 걸릴지도 모릅니다.

그러나 이 아이들이 초등학생이 되었을 때 가르치면 하루 이틀, 아니면 일주일면 해결되는 문제입니다.

그러나 조급증 환자인 어른은, 우리 아이는 다른 아이보다 더 빠르게 미리 미리 해야 한다는 강박관념의 노예가 되어, 어린 아이들에게 그 무수한 시간과 돈을 들여서 학습을 시키고 있습니다.

오히려 어릴 때 학습중심으로 공부한 아이는 정말 본격적으로 학습능력이 중요시되는 중고생이 되면 학습의욕과 자신감의 상실 때문에 힘들어하는 경우가 많습니다.

왜냐하면 인간의 심리는 어쩔 수 없이 학습을 해야만 하는 상황에서는 학습적인 행동은 보일지는 모르지만, 학습에 대한 흥미나 관심은 외부의 개입이 강할수록 상실되어 버리는 특성을 갖고 있습니다. 더군다나 어릴 때부터 학습적인 행위를 강요당하는 아이들은, 학습은 힘들고 실패도 그만큼 더 많이 경험해야 하기 때문에 학습에 대한 의욕이나 자신감을 갖기 어려울 수밖에 없습니다.

발달 수준이라고 하는 것은 개인마다 다를지라도 발달과정은 거의 동일합니다. 그러므로 발달에는 가치의 개념은 존재하지 않습니다.

그렇기 때문에 성장기에 있는 아이들을 줄을 세워서 비교하는 것은 무의미합니다.

인간발달의 과정에 가치를 부여해서는 안 됩니다.

본래 학문이라는 세계는 어떤 이론이나 법칙을 만들어 내는 것을 좋아하지만, 법칙이나 이론은 '어떤 조건'이라는 전제를 달고 있으며, 이러한 논리적 과정은 과학의 세계에서는 유용할지 모르나, '어떤 조건'에 의해서만 영향을 받지 않고 전체적으로 역동적으로 이해해야 하는 인간의 세계에서는 유용하지 않은 경우가 많습니다.

생물학적 법칙에 의해 운영되는 다른 자연물과는 달리, 인간이라는 존재는 그 발달과정이 매우 역동적이며, 생각과 행동에 있어 자유의지를 매우 소중히 여기는 생명체이기 때문에 이론과 법칙으로는 설명할 수 없는 존재입니다.

인간은 얼굴이 다르듯이 마음도 모두 각각 제각각입니다.

그렇기 때문에 아이를 '보통(평균)'이라고 하는 잣대로 바라보게 되면 그 아이 고유의 세계는 그 생명력을 잃게 됩니다.

결국 아이를 '일반 법칙'이라는 관점에서 바라보는 이상, '평균'으로부터 이탈한 아이는 '문제 아이'라는 딱지가 붙습니다.

정말 편견으로 가득한 몰지각한 어른들의 무형적 폭력입니다.

발달심리학에서는 '제1반항기'라든가, '제2반항기'라는 용어가 나옵니다. 아마 발달심리에 대해 공부해 본 적이 있는 사람이라면 누구나 한 번쯤은 들어보았을 것입니다.

중학교 1학년쯤이 되어서 부모의 말을 듣지 않고, 고집만 부리면 전문가들은 "이런 행동은 청소년의 반항기에 나타나는 현상 중의 하나입니다."라고 부모에게 전문가적 조언을 해 줍니다.

부모는 전문가의 이런 설명을 듣고 나서야 이해가 되는 듯 고개를 끄덕이며 집으로 발길을 돌립니다. 하지만 부모는 그 순간부터 반항하는 자녀로부터 얻을 수 있는 메시지를 놓치게 됩니다. 왜냐하면 자녀가 반항기이기 때문에 반항하는 것은 결코 아니기 때문입니다.

아이는 단지 '반항이라는 형태'로 자신의 마음을 부모에게 표현하고 있을 따름입니다. 이럴 때일수록 아이의 의중을 헤아리려고 노력하는 사려 깊은 부모의 심성(心性)이 요구됩니다.

아이의 반항적 행동이나 언어에 깔려 있는 내면적 몸부림을 사려 깊은 이성(理性)의 눈으로 통찰하는 능력, 그리고 무엇보다도 성급하게 판단하거나 당황하거나 너무 민감하게 생각하지 않고 여유를 갖고 대하는 태도가 부모에게 요구된다고 하겠습니다.

'과리 적응 증후군'이라는 말이 있습니다.

이 말은 '너무 적응을 잘 한다'는 것을 의미하고 있으며, 우리는 이런 사람을 소위 '착한 아이'라고 부르고 있습니다.

하지만 이런 아이는 부모나 선생님의 지시나 명령에 단지 맹종만 하는 가운데 '자아'가 소멸한 상태이며, 자기 고유세계가 상실되거나 포기된 상태이기 때문에 주체적이고 능동적인 삶이 요구되는 사회인으로서 살아가는 데는 많은 어려움을 경험하게 됩니다.

만일 '적응'이, 이 사회의 규범이나 풍습, 습관에 맞추는 것이라고 한다면 '적응'은 각 사람의 개성에 대한 희생을 담보로 하고 있다는 이야기가 됩니다. 그래서 사회에 '적응'하기 위해서는 사회가 내걸고 있는 '평균치의 범주'라고 하는 틀 속에 들어가야만 합니다.

그러나 평균이라는 틀 속에 들어간 그들을 겉으로 언뜻 보면 이 사회에 '적응'한 것처럼 보일지는 모르나 실제로는 '무관심, 무기력, 무책임, 무감동, 무저항, 무비판, 무능력, 무사상(思想)'의 깊은 수렁 속에 빠져 허우적거리는 모습을 쉽게 발견할 수 있습니다.

우리는 이들을 '적응 증후군'이라고 부르고 있지만, 그들 자신의 마음은 '과리 적응의 올무'에 자신을 매일매일 구속하며, 힘들어하면서 살고 있습니다.

'동일한 것'을 향해 열심히 달려가는 아이들을 우리 사회는 '착한 아이', '성실한 아이'라고 말하겠지만, 불행하게도 그런 아이들이야말로 '과리 적응 증후군의 예비 집단'이라 볼 수 있습니다. 개성이 퇴색되어 가는 아동에 대한 이해는 쉽고, 그 조작(교육)도 간단합니다.

어른들의 욕심과 기대에 매뉴얼화된 육아정보가 이용되면서 서서히 아이들은 자신의 고유 세계는 말살되면서 조작의 대상이 되어 가고 있다는 것이 우리 교육의 현실입니다.

노벨상보다 소중한 것

헤어 나올 길이 보이지 않는 베트남 전쟁의 소용돌이 속에서 시달리던 닉슨 미국 대통령과 키신저 국무장관은 1973년 12월 북베트남으로부터 평화 협상을 이끌어 내기 위해 크리스마스 대공습을 단행했습니다.

베트남의 하노이와 하이퐁은 초토화됐고, 1973년 1월 파리에서 잠정적인 평화 협정이 이루어졌습니다.

그 덕택에 키신저와 북베트남의 정치국원 레둑 토는 그 해의 노벨평화상 공동 수상자로 지명되었습니다.

그러나 레둑 토는 "베트남에 진정한 평화가 오지 않았기 때문에 나는 노벨평화상을 받을 수 없다."며 수상을 거부하였습니다.

동양인에게 처음으로 돌아간 노벨평화상이 거부되는 순간이었습니다.

상(償) 지상주의에 익숙한 우리의 사고로는 이해하기 힘든 반응입니다.

상으로 아이들을 조작하려 들고, 벌로써 아이들을 위협하려고 하는 조잡하고 유치한 방법보다는 아이들 각자의 자기 판단과 신념을 존중해 주면서 이에 따라 행동하는 것이 그 무엇보다 소중한 것임을 알게 하는 것이 중요하다고 생각합니다.

편리하고 풍요로운 사회가 만드는 아이들의 빈곤

인류는 끝없이 과학 문명의 발전을 추구해 왔고 그 덕분에 우리는 예전에 느껴 보지 못했던 편리함과 풍요로움을 느끼며 살고 있습니다.

이런 편리함과 풍요로움의 추구는 누구나 '보다 좋은 사회를 만들기 위해서'라고 하는 기본적 밑그림을 그리면서 시작한 것입니다.

이런 밑그림에서 출발한 '편리함과 풍요로움'은 아이들에게 '좋은 세상'이라고 생각하면서 '행복감'을 느끼게 할 줄로 믿고 있었습니다.

옛날은 지금보다 훨씬 불편하였고 풍요롭지도 못했습니다.

청소기가 아니라, 빗자루로 마당을 쓸고 걸레로 방을 닦았습니다.

세탁은 세탁기가 아니라, 빨래방망이로 손빨래를 했습니다.

교통수단도 별로 없어서 웬만한 거리는 걸어서 다녀야 했고, 비가 오면 질퍽한 거리를 바지를 걷어 올리고 다녀야만 했습니다.

장작이나 연탄으로 방을 데워야 했고, 찬바람이 문틈 사이로 들어오는 허름한 집에서 겨울을 보내야 했습니다.

인간은 '보다 나은 생활'에 대한 꿈을 꾸면서 편리함과 풍요로움을 위해 끝없이 노력해 왔습니다.

그 노력 덕택에 이제 우리는 편리함과 풍요로움을 소유하게 되었습니다.

'걸레에서 청소기로', '빨래방망이에서 세탁기로', '가마솥에서 전기밥솥으로' 바뀌었습니다.

문틈 사이로 들어오는 찬바람도 이중 삼중으로 만들어진 창틀 덕택에 따듯한 겨울을 보낼 수 있게 되었습니다.

무더운 여름에도 에어컨 덕택에 시원하게 보낼 수 있게 되었습니다.

정말 이전보다 훨씬 아늑하고 쾌적한 생활을 할 수 있는 시대가 되었습니다.

시간만 있으면 어느 유원지라도 가서 가족이 단란한 시간을 보낼 수 있는 마이카 시대를 살고 있습니다.

에스컬레이터나 엘리베이터 덕분에 이제 힘들게 계단을 오르지 않아도 됩니다.

힘들게 걷지 않아도 운송 기계들이 학교에서 집에까지 나를 평안하게 데려다 줍니다.

팩 식품이나 가공 식품이 나와서 요리도 간편해졌습니다.

이것도 귀찮거나 시간에 쫓기는 사람은 슈퍼에서 반찬이나 도시락을 사서 먹을 수 있는 시대가 되었습니다.

컴퓨터 자판기를 몇 번 두드리기만 하면 필요한 정보를 손에 넣을 수 있고, 백화점에 가지 않더라도 안방에서 물품을 구입할 수 있는 인터넷 시대를 살아가고 있습니다.

옛날에는 입는 것도 먹는 것도 변변치 않았던 정말 가난했고 배고팠던 시절이었지만, 이제 '보릿고개'라고 하는 단어가 생소할 만큼 우리 사회는 먹는 것도 풍요로워졌습니다.

모든 것이 예전보다 편리하고, 쾌적하고 풍요로워졌습니다.

그렇게 소망했던 편리하고 풍요로운 세상이 우리 곁에 왔습니다.

하지만 생활의 편리함과 풍요로움은 소유했지만, 이상하게도 우리의 마음은 점점 더 불안해지고 빈곤해지는 것 같습니다.

그렇게 소망했던 편리함과 풍요로움을 소유했지만, 우리에게 행복은 찾아오지 않았습니다.

너도 나도 하루하루의 생활에 긴장이나 불안 같은 스트레스를 느끼면서 쉬고 싶다고 하소연하고 있습니다.

어른들이 추구했던 편리하고 풍요로운 사회는 아이들에게도 독소가 되어 아이들의 신체와 마음을 병들게 하고 있습니다.

아이들은 이전보다 체격은 크지만, 체질이나 체력은 이전보다 약해졌다는 소리를 많이 합니다. 정부에서 전국 초중고생을 대상으로 체격·체질·체력을 검사해 표본 분석한 결과를 보면 키와 몸무게는 10년 전보다 훨씬 좋아졌지만, 체력 검사에 있어서 100m달리기, 제자리멀리뛰기, 턱걸이(여학생은 팔 굽혀 매달리기), 윗몸일으키기, 던지기, 오래달리기 등 6종목에 걸쳐 기록이 모두 나빠져 체력이 점점 떨어지고 있는 것으로 나타났습니다.

체질도 전체 학생 중 25%는 근시·원시·난시·굴절 이상 등 이상 증세가 10년 전보다 3배나 가까이 증가하였고, 축농증·편도선 비대 등 코와 목 관련 질환자 비율도 이전보다 늘어나고 있는 추세이며, 충치나 비만·알레르기성 질환 등의 문제를 안고 있는 아이들도 점점 늘어만 가고 있습니다.

또한 몸의 균형 감각도 상실되면서 넘어지기만 하면 다치는 아이들이 비일비재합니다. 예전의 아이들은 넘어지는 순간 팔이나 손바닥이 먼저 지면으로 향하면서 몸의 충격을 완화시키는 순간 동작이 가능했었는데, 요즘 아이들은 이런 순간 동작이 불가능하다는 것입니다.

'위생가설'이라는 용어가 있습니다. 이 용어가 생기게 된 배경에는 "지나친 위생적 환경은 오히려 아이들의 건강을 해친다."고 하는 조사결과가 있습니다.

이스라엘 텔아비브 대학 연구팀이 17세 청소년을 대상으로 천식의 발생률을 조사한 결과, 고소득층에서는 14%나 나타났으나, 저소득층에서는 3%에 지나지 않았다는 것입니다. 그 이유는 위생조건이 좋을수록 박테리아나 알레르기항원과 자주 접촉할 기회가 적어지면서 천식이나 알레르기 감염에 저항할 수 있는 면역능력이 떨어진다는 것입니다. 이전보다도 천식이나 아토피로 고생하는 아이들이 많아진 것도 이런 이유와 전혀 무관하지는 않을 것입니다.

난방이나 에어컨 덕택에 겨울에는 추위를 느낄 수 없고, 여름에는 더위를 느낄 수 없는 고도의 문명 시대를 살아가는 아이들은 이제 조금만 온도의 변화가 있으면 쉽게 감기에 걸려 버리는 약한 체질이 되어 버렸습니다.

인간의 몸 안에는 추위와 더위를 경험하는 가운데 기온의 변화에 따라 적응할 수 있는 조절장치가 있는데, 이 조절장치는 겨울에는 추위를 경험하고 여름에는 땀을 흘리는 가운데 원만하게 작용할 수 있는 기능을 갖게 됩니다.

그러나 계절에 관계없이 일정한 온도에서의 생활에 익숙해져 버린 아이들의 몸 안에는 이 조절기능이 작동되지 않아, 작은 기온변화에도 아이들의 몸이 적응하지 못하여 1년 365일 감기를 달고 사는 경우가 적지 않습니다.

완벽한 안전, 완벽한 위생, 완벽한 편리함을 추구하는 가운데 오히려 아이들의 안전과 위생은 더욱 위협받고 있는 아이러니의 시대를 살아가고 있습니다.

아이들의 몸과 함께 정신세계도 이상해져 가고 있습니다.

어느 조사에 따르면 명확한 이유도 없이 그냥 '큰 소리를 지르고 싫은 때가 있다', '머리가 아프거나 무겁다', '쉽게 몸이 피곤해진다', '무엇을 해도 즐겁지 않다', '아침에 기분이 좋지 않다', '몸이 항상 빼근하다', '식욕이 없다'고 호소하는 아이들이 많다는 것입니다.

어른들의 입에서 나와야 할 이야기들이 이제 아이들의 언어가 되어 버렸습니다.

예전에는 주로 어른들의 세계에서만 보였던 불안, 초조, 무기력증 등 우울증의 예비 증상들이 아이들의 정신세계에서도 나타나고 있습니다.

우리 사회의 편리함과 풍요로움은 '노동의 가치', '노력의 의미', '인내하는 경험', '작은 것의 소중함'을 빼앗아 가면서 아이들의 몸과 마음을 나약하게 만들어 버렸습니다.

편리하고 쾌적하고 무엇이든지 얻을 수 있는 풍요로운 사회가 되었지만, 우리 자신도 모르게 소중한 삶들이 우리 곁을 떠나 버렸습니다.

'생각하는 힘'

'살아가는 힘'

이런 힘을 상실한 아이들은 하루하루를 겨우 살아가고 있습니다.

사실 편리함과 풍요로움이 문제가 되는 것은 아닐 것입니다. '좀 더 나은'을 추구하는 인간의 속성으로 볼 때도 풍요로움과 편리함의 추구는 문명사회의 당연한 욕구입니다.

그러나 아이들의 양육에 있어서는 무엇이든지 완벽함보다는 적당함이 좋습니다.

완벽한 편리함보다는 적당한 편리함이 좋고, 완벽한 풍요로움보다는 적당한 풍요로움이 좋습니다.

그래서 조금은 불편하고 부족한 상황이지만, 아이 스스로가 그것을 해결하고 채워 나갈 수 있는 기회를 제공하고 지켜보는 부모의 여유가 필요합니다.

이런 부모의 대응은 아이들에게 '생각하는 힘'과 '살아가는 힘'을 소유하게 합니다.

그러나 아이에게 편리함과 풍족함을 제공하는 것이 부모의 사랑이라고 생각하는 착각의 굴레에서 헤어 나오지 못하고 있는 어른들의 어리석음은 어제나 오늘이나 여전한 것 같습니다.

편리함과 풍요로움이 오히려 아이들에게는 독소가 되어 몸과 마음을 병들게 하는 아이러니를 이해하기까지는 아직도 소원한 것 같습니다.

부모의 풍요로운 사랑?

마른 나뭇가지에서 하나둘씩 파란 봄기운이 내보이던 3월의 새 학기.

서울의 ○○초등학교 1학년 교실 밖에서는 집안의 '재롱둥이'를 처음으로 학교에 보내놓은 것이 못내 걱정스러운지 학부모들이 수업이 다 끝나도록 시종 복도를 떠나지 못하고 있다. 이어지는 종례 시간이면 교실 뒷문으로 얼굴을 들이밀고는 마치 자신이 학생인 듯이 담임교사의 이야기에 귀를 기울인다. 그리고 종례 시간이 끝나기가 무섭게 아이의 가방을 받아 주고 신발 신는 것을 확인하느라 정신이 없다. 심지어는 다른 아이들이 밀려 넘어져도 아랑곳하지 않는 학부모도 있다.

이는 새 학기만 되면 초등학교 저학년 교실에서 종종 벌어지는 풍경이다.

그래서 이 초등학교의 1학년 교사들은 궁여지책을 마련하여 학생들을 통해 학부모들에게 보내지는 알림장에 "학교 현관 안으로는 들어오지 말아 주십시오."라는 부탁까지 했을 정도이다.

그것뿐이 아니라 혹시 교실 청소를 하러 오거나 학급 비품을 사오거나 하면 자신이 누구의 엄마라는 것을 몇 번이고 강조하고는 한다. 그리고 학생을 나무라는 일이라도 있으면 거세게 항의하는 일도 비일비재하다.

모 일간신문의 사회면에 실린 기사입니다.

자녀에 대한 믿음이 있다면, 다른 아이들에 대해 배려하는 마음이 조금이라도 있다면, 부모들의 이런 모습은 보이지 않을 거라고 생각합니다.

모방의 천재

'빨간 마후라'

하늘의 사나이가 등장하는 흥미롭고 박진감 넘치는 영화 이야기가 아닙니다.

1990년대 후반 우리 사회에 큰 충격을 주었던 여중 2학년 등 4명의 중고생이 출연한 음란 비디오의 이야기입니다.

이들 십대들은 직장일로 부모가 집을 비운 사이 '한낮의 정사(情事)'를 즐겼고, 그 전 해의 4월과 8월 두 차례나 평소 즐겨 보던 성인 비디오의 야한 장면들을 흉내 내며 가정용 8mm 비디오카메라로 자신들의 알몸을 찍었다는 것입니다.

"솜털도 벗겨지지 않은 순진해야 할 여중생이 과연 이럴 수 있는가. 동물 세계에 있을 법한 이야기가 인간 세계에 등장하다니!" 하며, 우리 사회 모두가 경악했었습니다.

어른들은 도덕성과 윤리성이 행방불명된 청소년들의 행동에 놀라워하며 그들을 질타했습니다.

사실 청소년들의 비행은 어제 오늘의 이야기가 아닌 것 같습니다.

집단 괴롭힘, 은둔형 외톨이, 친구나 선생님에 대한 폭력, 등교거부, 자살 등 우리 사회를 놀라게 하는 청소년들의 문제에 가정도, 학교도, 우리 사회도 해결책을 찾지 못하고 있습니다.

이런 문제행동을 보이는 아이들은 대개 마음의 안식처를 찾지 못하고 심리적 방황을 하는 경우가 많습니다.

그러다가 지쳐서 자신을 포기하게 되면 두 가지 형태로 문제가 나타납니다.

하나는 타인에 대한 공격적 행동을 하거나 아니면 자신의 껍질로 울타리를 쳐서 세상 밖으로 나오지 않기도 합니다.

마음의 안식처는 역시 가정이 최고라고 생각합니다.

가정은 인간에게 심리적 베이스캠프와 같은 곳입니다.

에베레스트 산과 같은 높은 산을 등정하는 산악인에게는 베이스캠프가 없으면 정상에 오를 수가 없습니다.

정상에 도전하기 위해서는 베이스캠프에서 충분한 휴식과 준비가 필요하기 때문입니다. 만일 정상에 도전하다가 실패할지라도 베이스캠프로 돌아와 휴식을 취하면서 재도전을 위한 준비를 할 수 있기 때문에 베이스캠프는 필수적입니다.

아이들에게도 이런 베이스캠프가 필요합니다.

선생님이나 친구, 학교에서 받은 스트레스를 풀어 주는 가정이라고 하는 튼튼한 베이스캠프가 있는 이상, 아이들은 다시 일어나서 세상 밖으로 나갈 수 있습니다.

영국의 철학자 버트런드 러셀은 "오늘날 최대의 불행은 가정이 인간에게 깊은 만족을 주지 못하는 데 있다."고 했습니다.

"세계의 역사는 전쟁의 역사가 아니라 가정의 역사다."라고 설파한 존 러스킨의 말도 생각납니다.

가정이라고 하는 베이스캠프는 어떤 환경보다도 중요한 것 같습니다.

신이 우리 인간에게 준 가장 귀한 선물을 '관계성'이라고 한다면 가정에서 맺는 부모와의 관계성은 그 무엇보다도 소중하다고 할 수 있습니다.

가정이란 "가족이 함께 생활하는 사회의 가장 작은 집단"이라는 사전적 의미보다는 가족구성원 간의 원만한 관계성이라고 하는 개념이 강합니다.

'좋은 가정'이란 가족 구성원 간의 친밀감이나 행복감, 신뢰감이 지속적으로 충족되는 집단을 말합니다.

그러나 오늘 우리 사회는 물질을 사랑하고 사람을 이용하려는 잘못된 관계성 때문에 탕자(蕩子)의 문화를 만들었다는 혹자의 이야기처럼 '마음의 베이스캠프'여야 할 가정의 본질이 점점 퇴색되어 가고 있다는 느낌이 듭니다.

가족 구성원 간의 관계성의 파괴로 인해 마음의 베이스캠프를 찾지 못하고 있는 아이들은 점점 소외와 불신으로 마음이 황폐화되어 가고 있습니다. 이 관계성의 파괴란 부모와 자녀와의 관계성의 파괴를 의미합니다.

자녀와의 관계성 형성이나 회복을 위해서는 무엇보다도 "프로크루스테스 침대식의 자녀 양육(교육)을 포기해야 한다고 생각합니다.

그리스 신화에 '프로크루스테스' 소위 '잡아당기는 남자'라고 불리는 잔인하고 무서운 이야기가 나옵니다.

이 남자는 철재로 된 침대를 가지고 있었는데 나그네가 집에 오면 그 침대로 안내를 하게 됩니다. 그리고 나그네가 침대에 누우면 끈으로 꽁꽁 묶은 후, 나그네의 몸이 침대보다 작으면 손발을 잡아당겨 침대에 맞추고, 침대보다 크면 침대 밖으로 나오는 팔과 다리를 잘라 버립니다. 결국 이 침대를 이용하는 나그네들은 모두 죽게 된다는 이야기입니다.

오늘날 우리의 가정교육은 놀랄 정도로 프로크루스테스의 침대와 흡사합니다.

부모의 생각 틀 속에 아이를 집어넣고 있습니다.

자녀가 자신이 만든 틀에 맞지 않는 행동을 하게 되면 가만히 내버려 두질 않습니다.

아이들 고유의 욕구와 능력은 부모의 욕심이라고 하는 틀에 갇히게 되면서 어린 영혼이 난도질당하고 있다는 느낌이 듭니다.

정해진 시간, 정해진 학습, 정해진 학원, 정해진 행동이라고 하는 하나의 틀 속에 존재하는 아이의 얼굴에서 미소를 기대하기란 쉽지 않습니다.

'프로크루스테스'는 나중에 테세우스 왕에 의해 퇴치되면서 그 침대도 효력을 잃게 됩니다.

현대판 '프로크루스테스 침대'를 때려부술 테세우스와 같은 부모나 교사가 필요한 시대입니다. 프로크루스테스 침대식의 자녀 양육(교육)을 탈피하면 자녀와의 원만한 관계를 회복할 수 있습니다.

또한 자녀와의 관계성의 회복에는 부모에 대한 신뢰가 중요합니다. 부모에 대한 자녀의 신뢰는 부모의 언어가 아니라, 행동을 통해서 느끼게 됩니다.

한때 베스트셀러로 유명했던 로버트 풀검의 『내가 정말 알아야 할 모든 것은 유치원에서 배웠다』라고 하는 책은 유아기가 전 생애를 지배할 정도로 중요하다고 보고 있습니다. 부모는 가정교육과 환경의 주체적 조성자이며, 자녀들의 첫 선생님입니다. 아이들 입장에서 부모는 절대적인 권위자요, 전능자입니다.

그렇기 때문에 아이들의 이상적 모델은 부모가 되고, 놀이세계 속에서도 부모의 모습을 표현하게 됩니다.

부모의 모습이 어느새 아이의 행동에도, 아이의 마음에도 스며들어 옳고 그름의 판단에도, 가치의 판단에도 행동에도 부모의 색깔을 띠고 있습니다.

아이들은 모방의 천재 같습니다.

모방 심리는 어릴 때는 인간의 본능적 충동과도 같습니다.

아프리카의 부모들은 아이가 길을 가다 넘어지면 부모도 함께 넘어진다고 합니다. 그리고는 일어나서 옷에 흙을 털고는 다시 걷는다고 합니다. 이런 모습을 지켜보던 아이는 아파하면서도(물론 연기하는 것이겠지만) 스스로 일어나서 다시 걷는 엄마의 모습을 보고는 울음을 그치고 자기 스스로 일어나서 걷는다는 것입니다.

자녀의 자립심을 키우기 위해 아이의 모방심리를 이용한 아프리카 부모들의 현명한 양육방식이라고 생각됩니다.

그런데 아이들이 혼란스러워하는 경우가 있습니다. 그것은 부모의 말과 행동이 다른 경우입니다. 교통사고 뉴스를 볼 때마다 느끼는 것인데 길을 건널 때는 초록색 신호등이 켜진 것을 보고 좌우를 잘 살펴서 길을 건너야 한다고 가르치던 부모가 정작 자신은 차가 지나가지 않는다고 황급히 아이의 손목을 붙잡고 횡단보도를 건너가는 경우가 적지 않다는 것입니다.

동생에게 욕을 하는 언니에게 호통을 치면서 "욕하지 마, 이년아!"라고 꾸짖는 한 어머니에 대한 이야기를 우리 아이를 통해서 웃으면서 들은 적도 있습니다.

심리학에서는 이중구속 이론(double-bind theory)이라는 게 있습니다. 이것은 메시지를 전달할 때 두 가지의 커뮤니케이션이 존재한다는 것인데, 하나는 내용의 전달이며 이는 대개 언어에 의한 것입니다.

또 다른 하나는 언어에 수반되는 어조(語調)나 표정, 동작 등에 의한 비언어적 메시지입니다. 이 두 가지 메시지의 불일치 상태로 인해 성장기에 있는 아이의 입장에서는 회피 불가능한 특수한 상황과 어떻게 반응해야 할지 모르는 곤란한 상황에 놓이게 됩니다.

예를 들어, 컵을 깨뜨린 아이가 어머니의 꾸중이 무서워서 방문을 걸어 잠그고 숨어 있는 상황을 생각해 봅시다. 이 사실을 안 어머니가 아이에게 "화 내지 않을 테니 밖으로 나와!"라고 고래고래 소리를 지르면서 화를 내고 있는 것입니다. 화를 내지 않겠다고 하는 어머니의 모습은 이미 화를 내면서 아이에게 밖으로 나오라고 다그치고 있는 이중적인 모습에 아이는 혼란스러워할 수밖에 없을 것입니다.

물론 이런 이중적인 부모의 양육태도는 어느 가정에서나 볼 수 있는 현상이지만, 특히 정신병리적 현상을 보이는 아이의 경우에는 부모에게서 이런 이중 구속적인 양육태도가 많이 보인다는 것입니다.

생명력 있는 교육은 '가르침'과 '본보기'라는 두 가지 형태를 통해 이루어지고 있습니다. 그러나 부모의 행동이 수반되지 않는 가르침의 교육은 그 생명력을 잃게 됩니다.

아이는 부모로부터 가르침을 받지만, 동시에 부모의 행동을 보고 있습니다. 특히 부모의 뒷모습을 보고 아이들은 부모의 정체를 간

파하게 됩니다. 그런데 대개 부모의 뒷모습은 부모 자신이 무의식적으로 행하는 모습인 경우가 많습니다.

그지없이 착한 자식을 보면서 만족해하며 미래에 대한 꿈에 부풀어 있는 부모 가운데 시간이 지나면서 그 얼굴이 일그러지는 경우를 종종 보게 됩니다.

"우리 앤 어릴 때는 너무너무 착했어요. 공부도 잘했고요. 그랬던 아이가 이렇게 달라지다니 믿을 수가 없어요."

부모의 '가르침'은 아이들에게 그렇게 감동을 주지 못합니다. 그러나 부모의 뒷모습을 통한 '가르침'은 아이들에게 감동을 주며, 뇌리 속에 기억됩니다.

일본의 「아사히 저널」이라는 잡지에 실린 어느 학생의 글(제목: 어른을 향한 어느 학생의 경고문)은 아이들 앞에서 우리의 뒷모습을 생각하게 만듭니다.

> 어른들에게 고(告)합니다.
> 당신들은 담배를 피우는 우리 학생을 꾸중할 자격이 있습니까?
> 역이나 도로변에, 공원에 함부로 담배꽁초를 버리고 다니면서….
> 당신들은 술 마시는 학생을 꾸중할 자격이 있습니까?
> 역 계단이나 길거리에 가는 곳마다 토하고 다니면서….
> 당신들은 폭력을 휘두르는 학생을 꾸중할 자격이 있습니까?
> 돈과 명예를 위해서라면 남을 짓밟고서라도 출세하고 싶어 하면서….
> 당신들은 자살하려고 하는 학생을 꾸중할 자격이 있습니까?

생명의 존엄성에 대해서 아무것도 가르쳐 주지도 않았으면서….
우린 아무것도 배우지 못했습니다.
배우지 않으면 안 되는 것을 우린 아무것도 배우지 못했습니다.
(중략)
우리는 당신들 어른에 의해 만들어졌습니다.
담배 피우고 술 마시고 오토바이 타고 도로를 마음대로 질주하고,
레코드 소리를 크게 해서 듣고, 섹스하고, 자살하는 학생들….
이런 학생들을 만든 것은 어른들입니다.
그럼에도 이런 짓을 하면 벌을 받는 것은 우리들뿐.
어른들은 말합니다.
"제대로 행동하라고…."
하지만 내가 생각하기엔,
가장 무지하고 제대로 모르는 사람은 우리들을 정말로 가르쳐야만 하는 것을 게을리 한 어른들이라고 생각합니다.

이 학생이 호소하고 있는 어른들의 가르침은 언어가 아니라, 어른들의 뒷모습이라고 생각합니다.

어느 어린이집을 방문하였을 때입니다.

자유놀이시간, 문을 열고 들어서니 낯익은 선생님이 맡고 있는 반이었습니다.

학교 제자였던 그 선생님은 나를 반갑게 맞이하고는 음료수를 갖다 줬습니다.

아이들과의 놀이에 여념이 없었던 나는 고맙다는 말을 하고는 피

아노 위에 올려놓고 다시 계속 아이들과의 놀이를 시작했습니다.

거의 한 시간 동안 아이들과 이런 저런 놀이를 하다가 아이들과의 작별인사를 나누고 문을 열고 나가는 순간이었습니다.

한 아이가 나에게 다가와 손가락으로 피아노 위를 가리키는 것이었습니다.

손가락이 향하는 곳에는 아이들과 노느라고 깜박 잊고 있었던 음료수가 있었습니다.

문을 열고 들어오는 나의 모습

선생님으로부터 음료수를 받는 나의 모습

그걸 피아노 위에 올려놓는 나의 모습

아이들과 노는 모습

그리고 음료수를 깜박 잊고 나가는 모습

어린이집을 나서는 순간, 그 아이는 나의 이런 모습을 끝없이 바라보고 있었다는 생각이 문득 들었습니다.

처음 보는 아저씨이고 자기와는 아무런 상관이 없는 사람일 텐데 그럼에도 아이는 나의 뒷모습을 끝없이 보고 있었다는 생각이 들었습니다.

아이들에게 보여 주는 부모의 모습은 앞모습보다 뒷모습이 더 많다고 생각합니다.

뒷모습은 어른들이 아이의 존재를 의식하고 보여 주는 모습이 아니라, 어른들의 평소의 모습을 말합니다. 이런 뒷모습에 아이들은 관심이 많습니다. 부모의 뒷모습을 통해 아이들은 자신을 향한 부모의 마음을 알게 됩니다.

이 글을 쓰면서 앞에서 이야기했던 음란 비디오(빨간 마후라)에 출연한 여중생의 말이 생각납니다.

수사관의 조사에 끝으로 그 여학생은 한 마디 툭 내뱉었습니다.

"전에는 나를 농락하더니 이제는 나를 매도하는 어른이 우습군요."

탄자니아의 누 떼 이동

아프리카 탄자니아의 초원에는 영양의 한 종류인 누 떼가 살고 있습니다.

이들은 매년 비가 오지 않는 건기가 오면 새로운 풀밭을 찾아 1,600km나 되는 먼 거리를 무리지어 이동한다고 합니다. 수만 마리의 누 떼가 엄청난 양의 먼지바람을 일으키고 땅이 흔들릴 정도의 굉음을 내며 달리는 광경은 가히 장관이라고 할 수 있습니다. 그런데 이러한 누 떼의 이동을 몇 해에 걸쳐 지켜보던 한 동물학자는 안타까운 현상을 발견했습니다. 그것은 누 떼가 매번 지름길을 놓아두고 멀고 험한 길을 달려가느라 한 번 이동할 때마다 수많은 누들이 목숨을 잃고 마는 것이었습니다. 원인은 선두에서 이끌고 달리는 누 때문인데 이들은 처음으로 이동했던 길을 좀처럼 바꾸지 않는 습성이 있다고 합니다. 그래서 이러한 습성 때문에 약하고 힘없는 다수의 희생에도 불구하고 잘못된 방법을 바꾸지 못하고 있습니다.

아이들의 성장 과정도 이와 비슷하다고 볼 수 있습니다. 아이들은 어른들이 가는 방향으로 그냥 따라갑니다. 그 길이 어떤 길인지 모른 채 그냥 갑니다. 아이를 이상한 길로 내몰며 가고 있지는 않은지 한번 생각해 볼 때입니다. 부모들은 이 길이 '너를 위하는 것'이라고 하지만, 그 속을 곰곰이 들여다보면 부모 자신을 위한 경우가 많습니다. 부모의 사랑으로 위장한 욕심이나 편견, 권위가 그 배경에 있는 경우도 적지 않습니다.

진정으로 아이들을 위한 행복의 길로 인도하고 있는지 이제 우리 자신들의 모습을 돌아볼 때입니다.

지적 욕구는 아이에게 본능이었다

어떻게 하면 우리 자식을 공부 잘하는 아이로 키울 수 있을까?

아마 모든 부모들이 자녀를 키우면서 관심을 갖고 있는 문제라고 생각합니다. 특히 경쟁이 치열하고 학력 중시의 풍조가 강한 우리 사회에서는 어느 나라보다 이 문제에 대한 부모의 관심과 열정은 더할 것입니다.

공부 잘하게 하는 방법은 없을까?

인간은 선천적으로 공부하기 싫어하고 먹고 자고 놀기만 좋아하는 게으르고 나태한 존재인가?

아니면 무엇이든지 알고 싶어 하고 나름대로 목표를 세워서 스스로 열심히 노력하는 존재인가?

이런 물음에 대한 생각을 먼저 할 것입니다.

만일 인간의 본성이 게으르고 나태하고 수동적인 존재라고 한다면 부모들은 자녀의 교육을 위해 열심히 간섭하는 것이 좋을 것입니다.

매일 매일 숙제는 제대로 하고 있는지를 확인하는 것이 좋을 것입니다.

공부 잘하면 상도 주고, 성적이 떨어지면 혼내거나 벌을 주는 것이 좋을지도 모르겠습니다. 하여튼 자녀의 공부에 부모가 적극적으로 개입할수록 공부는 잘하게 될 것이라는 그림을 머릿속으로 그릴 수 있습니다.

그러나 만일 인간의 속성은 선천적으로 지적 호기심이 강해서 학습 욕구가 있으며, 끝없이 자기 발전을 위해 스스로 노력하고자 하는 열정을 갖고 있는 존재라고 한다면 공부에 대한 부모의 개입이나 잔소리는 필요 없게 됩니다.

그렇다면 과연 우리 인간은 선천적으로 어떤 속성을 갖고 있을까요? 이와 관련하여 재미있는 실험을 하나 소개하겠습니다.

1954년 캐나다의 맥길 대학에서는 '감각 차단'이라는 흥미로운 실험을 실시하였습니다. 이 실험의 목적은 게으름뱅이라면 누구나 좋아할 수 있는 최대한 쾌적하고 안락한 상태의 실험실을 꾸며 놓고, 이런 곳에서 인간은 과연 어떤 반응을 보이게 될까라는 것이었습니다.

실험 대상자는 아르바이트로 고용된 남자 대학생들로서 이들은 당시의 하루 일당으로는 상당한 금액에 해당하는 12달러나 받았습니다. 그런데 이들이 실험실에서 해야 할 일은 누구나 손쉽게 할 수 있는 일로 그냥 가만히 침대 위에서 아무것도 하지 않고 하루 종일 뒹굴면서 잠을 자거나 누워 있기만 하면 되는 것이었습니다. 이외에는 다른 어떤 요구도 하지 않았습니다. 방 안은 춥지 않고 덥지도 않은 인간의 신체가 가장 쾌적한 상태를 느낄 수 있는 온도로 유지가 되어 있었고, 습도도 적당한 수준으로 조절되어 있었습니다. 침대도 충분히 안락함을 느낄 수 있는 상태였습니다.

단지 보통 방과 다른 것은 밖에서 들어오는 빛이나 소리 자극이 차단되어 있다는 것입니다. 여기에다 이들 학생에게 시각적 자극의 차단을 위하여 반투명의 눈가리개를 씌웠습니다. 때문에 명암은 느낄 수 있지만 물체의 형태는 잘 알아볼 수 없도록 하였습니다.

귀에는 귀마개를 끼워 소리 자극도 가능한 차단되도록 하였고, 다른 자극과의 접촉을 차단하기 위해 손에는 장갑을 끼우고 손에서 팔꿈치까지는 종이로 감쌌습니다. 그러나 이러한 상태가 결코 학생들의 몸을 압박하거나 통증을 느끼게 하는 정도는 아니었습니다.

당연히 하루 세 끼의 식사는 제공되었고, 화장실도 자유롭게 갈 수 있었습니다. 물론 이때는 몸에 부착되었던 모든 감각 차단물을 제거하였습니다.

만일 인간이 게으름뱅이라는 속성을 갖고 태어났다고 한다면, 끝없이 안락함만을 추구하는 존재라고 한다면 이 실험에서 제공되는 조건들은 인간에게 더없는 만족을 줄 수 있는 상태임에는 틀림없을 것입니다.

식사는 제때 충분히 제공되고, 방은 춥지도 덥지도 않고 습도는 가장 적당한 상태, 그리고 신경을 쓰게 하거나 고통을 줄 만한 외부의 모든 자극은 거의 차단한 상태입니다.

어떤 자극에도 신경을 쓰지 않아도 되는 상태, 거기에다 아무 일도 하지 않고 그냥 침대에 누워 있기만 하면 되는 것입니다.

또한 이 실험에 참여한 학생들에게는 사례로 당시의 보통 아르바이트에서 벌 수 있는 돈의 2배나 더 많이 받을 수 있는 좋은 조건도 함께 제시되었습니다.

누가 생각하더라도 말 그대로 누워서 돈을 버는 매우 매력적인 아르바이트임에는 틀림없었을 것입니다.

누가 이런 가장 안락하고 쾌적하고 손쉽게 돈을 벌 수 있는 조건에서 실험실의 문을 박차고 나오려고 하겠습니까?

그러나 실험의 결과는 의외였습니다.

예상을 완전히 뒤집는 결과가 나왔습니다.

실험에 참가한 12명의 학생 중, 오직 한 사람만이 1주일 정도까지 갔을 뿐, 나머지 학생들은 모두 2, 3일 만에 포기하고 말았습니다.

실험 대상이 되었던 이들은 모두 돈이 필요해서 참여한 학생들이었습니다. 이들은 극히 단순한 일에 그렇게 많은 돈을 받을 수 있다는 제안에 놀라워하면서 흔쾌히 실험에 참가를 자청했던 자들이었습니다. 그리고 실험자는 이들에게 가능한 오랫동안 실험실에 있어 줄 것을 부탁한 상태였습니다.

그럼에도 불구하고 이들은 2, 3일 이상 머물지 못했습니다.

이들에게는 하루 종일 아무 일도 하지 않고, 단지 침대에 누워 뒹굴거나 잠을 자거나 놀기만 하는 상태는 결코 안락한 상태가 아니었던 것입니다.

이들에게는 오히려 이런 상태가 견디기 힘든 상황이었던지, 이들은 더 이상 견디지 못하고 실험실 밖으로 나와 버렸습니다.

이들은 돈은 적게 받아도 머리를 쓰거나 몸을 움직이는 다른 아르바이트를 찾아 나선 것입니다.

좀 더 자세히 이 실험의 과정에서 나타났던 현상을 살펴보면 이렇습니다.

시각, 청각, 촉각 등의 감각 자극이 거의 차단된 상태에서 학생들이 보인 반응이 매우 흥미롭습니다.

대부분의 학생들은 처음에는 잠을 자는 것으로 시간을 보내려고 하였습니다. 그러나 점차 이것이 힘들어지게 되자 노래나 휘파람을 불거나 혼잣말을 중얼거려 보기도 하였습니다. 심지어 양팔에 감긴 종이를 두드려 보는 사람도 있었습니다.

실험실에서의 학생들의 모습은 그야말로 어떻게 해서라도 단순한 환경에서 조그마한 변화라도 느껴 보려고 안간힘을 다하는 모습이었습니다.

이들은 이러한 행동을 반복하면서 조금이라도 지루한 시간에서 벗어나려고 몸부림쳤습니다.

더욱 흥미로운 사실은 이러한 상태에서 대부분의 학생들이 일종의 환상을 경험하였다는 것입니다. 처음에는 빛이 점이나 선의 형태로 보이더니 그 다음에는 단순한 기하학적 형태로 나타나고, 이것이 점점 복잡한 형태의 그림으로 변해 갔다는 것입니다.

심지어 수많은 토끼들이 무언가 들어 있는 큼직한 봉지를 어깨에 메고는 한 줄로 늘어서서 행진하는 광경을 생생하게 눈앞에서 목격했다고 주장하는 사람도 있었습니다. 어떤 학생은 비슷한 상황을 경험하면서 눈을 뜨고 있으면서도 꿈을 꾸고 있는 것처럼 느꼈다고 보고하고 있습니다.

또한 이런 환상 현상은 자신으로서는 도저히 통제할 수 없었다고 합니다.

다른 것을 보고 싶다고 생각해도 항상 '안경'밖에 보이지 않았다.
'잉크병'을 보려고 노력해도 '펜'만이 보일 뿐이다.

이러한 현상은 이외에도 수없이 보고되었습니다.

어떤 이는 환상뿐만 아니라, 환청도 경험했다는 보고도 있습니다. 환상인 듯 보이는 광선 가운데서 사람들이 속삭이는 소리가 들렸다는 것입니다.

누구라도 이러한 환각 상태를 처음 경험하였을 때는 놀랐지만 나중에는 이런 환각 상태에 빠지는 것이 하나의 즐거움이 되었다고 보고하고 있습니다.

그리고 어떤 이는 이런 환각 증세가 상당히 집요하게 나타나면서 수면을 방해받기도 하였다고 합니다.

대개 이런 증상은 일반적으로 극히 한정된 정신 분열증 환자들에게 보이는 현상들입니다. 그렇다면 이 실험에 참가한 학생들에게 어떠한 일이 일어났을까?

실험을 시작한 지 3일째 되던 날 오후, 한 학생에게 좀 특이한 시도를 해 보았습니다. 그 학생의 몸에 부착되어 있던 감각 차단물을 조금 느슨하게 한 다음, 오래된 레코드플레이어를 실험실 내에 설치해 두었습니다. 이것에는 스위치를 누르면 통속적인 음악이 2분간 흘러나오도록 장치가 되어 있었습니다.

실험에 참여한 학생은 고상한 음악적 취향을 갖고 있다고 자부하는 자로서 현대 음악 이외에는 다른 어떤 음악도 감상할 가치가 없다고 생각하고 있었던 학생이었습니다. 그러나 이 학생은 몇 번이고 플레이어 스위치를 눌러대면서 평소에는 전혀 관심이 없었던 그 통속적인 노래를 열심히 듣고 있는 것이었습니다.

또 다른 학생에게는 주식 시장의 시황에 관한 라디오 방송을 들려 주었습니다. 회사명과 주가만을 열거하는 방송이었기 때문에 주식을 갖고 있지 않거나 주식에 대한 관심이나 지식이 없는 사람에게는 정말로 흥미 없는 내용이었을 것입니다. 이런 내용을 가만히 듣고 있어야만 한다는 것은 정말 따분하고 지루하기 짝이 없는 일일 것입니다.

하지만 평소 주식에 대한 지식이나 관심이 전혀 없었던 이 학생이 이상하리만큼 열심히 듣고 있는 게 아닙니까. 이번에는 실험자가 라디오를 끄자, 이 학생은 더 듣고 싶다며 계속 틀어줄 것을 간청하는 것이었습니다.

이러한 행동은 무엇을 의미하는 것일까?

하루라도 밥을 먹지 않으면 우리 인간은 강한 공복감을 느끼면서 아무리 편식을 하는 사람이라고 할지라도 어떤 음식이든 좋으니 당장 먹고 싶다는 욕구를 느끼게 됩니다.

이 학생들의 반응은 이런 경우와도 흡사하다고 할 수 있습니다.

단순한 환경에 처해 있는 인간은 '보다 복잡하고 다양한 정보에 대한 강한 공복감'을 느끼게 됩니다.

이 실험에 참가한 학생들은 소위 정보(자극)의 공복 상태에 빠진 것입니다. 그래서 이들은 평소에는 전혀 관심을 보이지 않았던 정보도 이 상황에서는 간절했던 것입니다. 재미없는 정보일지라도 없는 것보다는 훨씬 낫다는 이야기입니다.

이 학생들의 환각 현상도 일종의 내적 정보 수집의 결과로 해석할 수 있습니다. 이것은 정보(자극)의 공복 상태에서 일어나는 현상이라고 할 수 있습니다.

우리 인간은 본질적으로 끝없이 지적 호기심에 대한 갈증을 느끼면서 하나의 정보를 손에 넣게 되면 이것에 만족하지 않고 또 다른 정보를 손에 넣고자 하는 속성을 지닌 존재입니다.

고속도로를 만들 때 중간 중간에 완만한 커브 길을 만들어 두거나 도로변의 풍경에 변화를 주는 것도 호기심으로 가득한 인간의 속성을 그대로 반영한 것입니다. 만일 직선 도로만 계속되고 도로변의 풍경에 변화가 거의 없다면 운전자의 집중력이 떨어지게 되면서 사고의 위험성이 그만큼 높아지게 될 것이라는 예측은 앞에서 소개한 실험을 통해서 쉽게 알 수 있습니다.

일본에서 실시한 한 실험 연구에 따르면 메트로놈 소리를 계속 들려 주면 점차 그 소리의 속도가 달라지기도 하고 강약의 형태를 띠고 있는 소리로 들린다는 것입니다. 이 현상은 따분함이나 지루함을 싫어하고 새로운 정보나 변화를 추구하는 인간의 선천적 경향성을 잘 나타내고 있는 결과라고 할 수 있습니다.

캐나다 맥길 대학의 헷브 박사가 실시했던 이 실험의 동기도 이것과 동일한 것입니다. 처음에 이 문제에 관심을 갖고 맥길 대학에 연구를 의뢰한 기관은 캐나다 국방성이었습니다. 국방성은 레이더의 감시자, 라디오 모니터, 장거리 트럭 운전사와 같이 단조롭고 똑같은 행동만을 긴 시간 반복적으로 하는 사람들이 종종 이상한 체험들을 한다는 보고를 접하게 되었습니다.

한 예로 레이더 감시자는 레이더 화면 상에 나타나지도 않는 점을 보았다고 보고하거나 라디오 모니터는 실제 있지도 않았던 통신을 들었다고 주장하기도 하고, 한 트럭 운전사는 허상임에도 불구하고 고속도로 상에서 자신에게 차를 태워 달라고 손짓하는 사람을 실제로 보았다고 이야기하는 것입니다.

왜 이런 이상한 체험을 하게 되는 것일까?

이것은 이렇게 이해할 수 있습니다.

인간은 선천적으로 호기심, 특히 지적 호기심이 강한 존재이기 때문에 따분하고 단조로운 일을 장시간 계속하는 상황에 놓이게 되면 이것을 탈피하기 위해 자신도 모르게 동일 환경에 대한 인식 방식을 바꾸려고 하게 된다는 것입니다. 그 결과 실제 존재하지 않는 이상하고 복잡한 자극을 자신의 내면에서 만들게 된다는 것입니다.

그러므로 결론은 이렇습니다.

이 실험이나 일본의 실험에서 나타난 이해할 수 없는 결과, 그리고 여러 인간의 이상한 현상들을 생각해 볼 때 우리 인간은 본질적으로 게으름뱅이가 아닌, 끝없이 새로운 자극과 정보에 갈증을 느끼는 지적 호기심 덩어리라는 사실이 명명백백해집니다.

우리 아이들에게 눈을 돌려 봅시다.

아이를 키워 본 경험이나 유심히 아이들의 행동을 관찰한 경험이 있는 사람이라면 누구라도 이들의 왕성한 호기심에 놀라워 한 적이 있을 것입니다.

왕성한 호기심과 지칠 줄 모르는 그들의 체력과 활동력에 압도당한 경험이 분명히 있을 것입니다.

태어난 지 얼마 되지 않는 신생아들도 가만히 누워 있지 않고 끝없이 자신의 주위를 탐색하면서 자신의 세계를 이해하려고 하는 모습을 실험을 통해서 확인할 수 있습니다.

인간은 분명히 선천적으로 왕성한 호기심 덩어리의 존재임에 틀림없습니다.

그러므로 아이에 대한 교육도 이런 인간의 본성을 이해하고, 이를 바탕으로 한 접근이 되어야만 교육의 효과를 기대할 수 있습니다.

루소는『에밀』에서 교육의 주인공은 어른이 아니라, 아이들 자신이 되어야 한다고 주장하고 있습니다. 이 말은 교육에 있어서는 어른들의 일방적인 개입보다는 '아이들은 스스로 학습할 수 있는 능력을 갖고 있다'는 믿음을 갖고 지켜보는 자세가 중요하다는 것을 의미하고 있습니다.

아동의 지적 발달에 대한 연구로 유명한 피아제는 생후 13개월 된 영아의 지능적 행동에 대한 관찰을 통해 '능동적 실험에 의한 새로운 수단의 발견'이라고 하면서 영아의 왕성한 지적 호기심의 한 예를 이렇게 소개하고 있습니다.

생후 13개월 된 영아는 옆에 있는 막대기로 빈 휴지통을 두드리고 있었다. 휴지통이 조금씩 흔들리면서 움직이기 시작하자 신기한 듯 계속 두드리는 것이었다. 생후 16개월쯤 되었을 때에는 약 50cm 떨어진 곳에 있는 그릇을 집으려고 하였지만 손에 닿지 않자 옆에 있는 막대기로 두드리면서 그릇을 움직였다. 아이는 그릇의 움직임을 주의 깊게 쳐다보면서 좌우로 두드렸다. 이렇게 하는 동안 그릇이 점점 자기 쪽으로 가까이 다가오자 너무나 좋아하는 표정을 지었다. 이제 아이는 다른 물건도 멀리 있으면 막대기를 사용하면 자기 쪽으로 오게 할 수 있다는 것을 알게 된 것이다.

그런데 "아이라는 존재는 원래 선천적으로 지적 호기심이 강하기 때문에 자신이 해야 할 일은 스스로 알아서 잘 할 수 있다. 그래서 어른들은 무관심해도 좋다."는 이야기는 결코 아닙니다. 오히려 이런 태도는 방임적 태도입니다. 어떻게 보면 아동 학대가 될 수도 있습니다.

아이들이 지적 호기심이 왕성한 존재로 밝혀진 이상, 어른들은 이들이 가지고 있는 잠재적 욕구를 존중하면서 이것이 실현될 수 있도록 다양한 기회를 제공하는 것이 중요합니다. 그런데 여기서 주의할 점은 아이가 싫어하는 활동을 억지로 하게 한다든지, '당근과 채찍'으로 독려하는 방식으로 지도해서는 안 됩니다.

어디까지나 아이 스스로의 선택과 포기를 최대한 존중해 주어야 합니다.

사실 '과연 어릴 때부터 공부를 시키는 것이 바람직한가, 바람직하지 않은가?'라는 논쟁은 지금도 끝이 없어 보입니다.

어떤 이들은 "유아에게는 공부를 시킬 필요가 없다. 공부는 초등학교 때부터 하는 것이 바람직하다. 유아기 때는 학습보다는 어디까지나 '놀이'가 중심이 되어야 한다. '놀이'만이 아이들의 전인적 발달을 촉진시킬 수 있다."라고 주장하고 있습니다.

또 어떤 이들은 "현대는 고도의 산업화, 정보화 사회이기 때문에 높은 수준의 지적 능력이나 창의력이 요구된다. 이런 사회에 적응시키기 위해서는 가능한 어릴 때부터 공부를 시켜야 한다. 그리고 인간의 능력은 대부분 어릴 때의 경험이나 교육에 의해 결정된다."라는 논리로 그 정당성을 주장하고 있습니다.

그런데 이런 논쟁을 접하게 되면 자연스럽게 이런 질문을 하게 됩니다.

'놀이'와 '공부'는 어떻게 다른가?

놀이도 중요하고, 공부도 중요하다면 이 두 가지를 통합적으로는 할 수 없을까?

우리는 일반적으로 '공부'와 '놀이'를 대립적인 속성을 지닌 활동으로 인식하고 있습니다.

즉, '놀이'는 자발적이면서 즐거운 것이고, 누구나 하고 싶어 하는 활동, 여기에는 어떤 다른 기대나 욕심도 없는 그 자체가 목적인 활동이라고 할 수 있습니다.

하지만 '공부'는 타율적이면서 즐겁지도 않고, 진학이나 보다 나은 진로를 위한 수단으로 이루어지는 활동이라고 보고 있습니다.

그런데 여기에서 한 가지 의문을 갖게 됩니다.

과연 "공부(학습)란 처음부터 이런 특성을 지닌 활동이었을까?" 하는 것입니다.

만일 인간이 선천적으로 게으르고 새로운 세계에 대한 호기심도 거의 없는 존재라고 한다면 '놀이'와 '공부(학습)'는 본질적으로 다른 개념이며, 아이의 공부를 위해 어른이 적극적으로 개입한다든지 공부의 효과를 올리기 위해 사용하는 '당근과 채찍'은 효과적인 수단이 될 수 있습니다.

그러나 앞에서 소개한 감각 차단 실험의 결과나 일상생활의 경험을 통해서 볼 때 우리 인간은 태어나면서부터 '지적 호기심'이 왕성한 존재이며, 자기 발전을 위해 스스로 끝없이 노력하는 존재라는 사실을 부정하기란 어렵습니다.

그러므로 '놀이'와 '공부'는 원래 대립적인 속성을 지닌 활동이라고 볼 수 없습니다. 그래서 유아교육학자들은 유아 교육은 어디까지나 '놀이를 통해서', '놀이 중심으로' 해야 한다고 주장하고 있습니다. 하지만 이 경우도 자칫하면 '놀이'가 '공부(학습)'라는 목적을 위해 수단화되기 쉽기 때문에 이 역시 '인간은 선천적으로 게으른 존재'라는 시각에서 탈피하지 못한 발상이 될 수도 있습니다.

아이들을 대상으로 한 바람직한 교육의 형태는 놀이와 공부(학습)가 통합된 형태가 좋습니다. 즉, 공부는 어디까지나 강제성이 없는 자율적이면서 즐거운 활동의 형태로 이루어져야 한다고 하는 것입니다. 즐거운 학습의 형태가 되기 위해서는 다음과 같은 3가지 대

원칙이 필요합니다. 이 원칙은 결코 아이만이 아니라, 우리 인간의 보편적 욕구이기도 하기 때문에 그 누구에게도 필요한 원칙이라고 할 수 있습니다.

첫째, 아이들에게 활동의 자유가 최대한 보장되어야 합니다.

'놀이'가 즐겁고 신나는 활동이라고 하는 것은 누구나 알고 있지만, 그 이유에 대해서 생각을 해본 사람은 별로 없을 것입니다. 놀이가 공부보다 좋은 것은 즐겁기 때문이고, 즐거운 이유는 거기에 자유가 최대한 보장되어 있기 때문입니다.

즐거움의 원천은 자유입니다.

우리 인간에게 즐거움을 느끼게 하는 본질적인 이유는 '자유'가 있기 때문입니다.

자유로운 활동이란 언제 어느 곳에서 하든지 상관이 없고, 하다가 싫으면 그만해도 되는 활동을 말합니다.

이런 활동에서는 즐거움을 느낄 수 있지만 자유가 없는 활동에선 즐거움이라는 매력을 느끼기가 쉽지 않습니다.

우리가 드라마나 영화를 좋아하는 이유는 재미있기 때문이라고 하는 것도 있겠지만, 그보다 더 본질적인 이유는 어느 누구의 강요나 개입도 없으며, 평가도 받지 않는 자유가 최대한 보장되어 있기 때문입니다.

만일 아무리 재미있는 드라마나 영화라고 할지라도 반드시 보아야만 하는 강제성이 있고, 학교 공부처럼 그 내용을 얼마나 잘 이해하고 기억하고 있는지 평가를 받게 되고, 그 평가 결과에 따라서 상벌이 제공된다면 과연 어떨까요?

아마 편안한 마음으로 볼 수 없게 될 것입니다. 부담을 안고 긴장된 마음으로 드라마를 학교 공부처럼 메모하면서 보게 될 것입니다.

결코 재미있는 드라마나 영화라고 생각할 수 없을 것입니다.

공부하는 아이의 모습 속에서 진지함은 있을지 모르나 즐거워하는 모습은 아마 발견할 수 없을 것입니다. 아이들은 단지 상에 대한 기대나 벌이 두려워서 또는 진학 때문에 단지 열심히 하고 있을 뿐일 것입니다.

공부나 학습에 있어 필요한 욕구인 '지적 호기심'의 경우도 마찬가지입니다. 선천적으로 갖고 있는 이런 호기심도 외부로부터의 강제나 평가 등 일방적 개입이 있게 되면 위축되어 버립니다. 새로운 정보를 알고자 하는 마음은 사라져 버립니다.

외부의 강요나 평가에 의해 공부하는 겉모습은 보일지 모르나, 그들의 속마음은 이미 지적 호기심에 대한 열정이 식어진 상태입니다.

그러므로 교육에는 자유가 충분히 보장되어야 합니다. 아이들의 자기 선택을 최대한 존중해 줄 수 있어야 하고, 이미 갖고 있는 지식이나 능력을 활용하여 환경을 자발적으로 탐색할 수 있도록 자유를 보장해 주어야 합니다.

그러기 위해서는 아동 교육이 부모나 교사, 또는 특정 활동이나 프로그램이 중심이 되어 움직이는 형태가 아니라, 아동 자신이 주체가 되는 '자유 교육(보육)'의 형태로 이루어져야 합니다.

자유 교육(보육)의 중요성이나 필요성을 강조하면 어떤 사람들은 아이의 안전 문제를 염려하기도 합니다. 우리 가운데는 아이의 안전 문제에 대해서 지나칠 정도로 예민하게 반응하고, 아이들의 상처를 두려워하는 겁쟁이 부모나 선생님들이 의외로 많은 것 같습니다. 물론 교육이나 보육에 있어 아이들의 안전을 위한 관심과 배려가 중요하지만, 문제는 이걸 너무 지나치게 신경 쓰거나 강조하다 보면 아이의 자유는 제한을 받으면서 아이들이 경험해야 하는 소중한 체험을 할 수 없게 되어 버립니다.

아이들의 손발에 상처가 나거나 다친다고 하는 것은 그만큼 아이는 즐겁게 놀고 있으며, 열심히 주체적으로 건강한 아동기를 보내고 있다는 이야기가 되기도 합니다.

그러나 우리의 현실을 보면 부모나 교사는 아이의 '안전 문제'에 대해서 지나칠 정도로 신경을 쓰고 있습니다. 조금만 다쳐도 난리법석입니다.

그러다 보니 성취감이나 만족감, 자신감을 느낄 수 있는 모험적인 놀이나 과격한 놀이는 철저하게 통제를 받고 있습니다.

어릴 때 온실 안에서 자라는 꽃처럼 상처 하나 나지 않고 곱게 자란 아이들은 나중에 비바람 몰아치는 사회 속에서 쉽게 쓰러지거나 꺾어지는 자아를 갖고 허우적거리며 살아가게 됩니다.

발달심리학자인 미국의 화이트 박사는 이렇게 말하고 있습니다.

"아이들은 어른들이 생각하는 이상으로 자신을 보호하는 문제에 민감하고 세심합니다. 어떻게 보면 인간은 어느 정도 선천적이라고 할 정도로 행동의 통제력을 지니고 있다고도 할 수 있습니다. 아프리카 어느 종족에서는 예리한 무기나 도구를 아이들도 간단히 닿을 수 있는 곳에 보관하고 있습니다. 그래서 아이들이 쉽게 접근하거나 만지기도 하지만 그렇다고 해서 어른들이 특별히 주의를 주거나 꾸중하지는 않습니다. 하지만 아직까지 이 종족에서 아이들이 다치거나 중상을 입었다는 보고는 없습니다."

둘째, 자극이 풍부하고 잘 구조화된 환경을 제공해야 합니다.

아이들에게 자유를 최대한 허용해야 한다는 것은 아이들의 일은 아이들에게 전적으로 맡기고 어른들은 이에 대해 무관심해도 된다는 이야기가 결코 아닙니다. 만일 그렇게 한다면 이는 아이에 대한 방임이요, 문제가 있는 양육 태도입니다.

풍부하고 구조화된 놀이 환경을 제공하지 않은 상황에서 아이들에게 자유를 허용하는 것은 자칫하면 방임이 될 수 있습니다. 방임이 되지 않도록 하기 위해서는 아이들이 '충분히 즐길 수 있는 환경'을 제공해 주어야 합니다.

'자극이 풍부하고 잘 구조화된 환경'이란 아이들 각각의 발달 수준을 고려한 새롭고 다양하고 가변성이 있는 환경을 말합니다. 그래서 2세는 2세에 맞는 놀이 환경을, 그리고 5세는 5세에 맞는 놀이 환경을 제공해 주는 것입니다. 다 큰 아이에게 딸랑이 장난감을 줄 수는 없는 것입니다. 그 나이에 맞는 놀잇감을 제공하면서 다양한 변화를 주는 노력이 필요합니다.

이런 환경은 아이들의 지적 호기심이나 창의성을 자극하면서 무엇이든지 알고자 하는 의욕을 돋우게 합니다. 아이들의 지적 발달이나 이에 대한 의욕은 그렇게 해서 만들어집니다.

아무리 자유로운 활동이 허용된다고 할지라도 탐색할 대상이나 즐길 만한 놀잇감이 빈약하다면 자유는 그 가치를 상실하게 됩니다. 아이들이 탐색할 자극물이 부족하다면 자유가 주어져도 놀이의 즐거움이나 학습 효과를 기대하기란 쉽지 않습니다.

아이들 가운데는 호기심의 그림자조차 발견할 수 없는 경우도 있습니다. 무관심, 무표정, 무감각, 무기력한 모습을 보이는 아이들이 있습니다. 다른 아이들은 다들 재미있게 놀고 있는데 이들의 놀이에는 별 관심이 없는 것처럼 보입니다.

단지 방 한구석에서 별 의미가 없는 행동만을 단조롭게 반복하거나, 하루 종일 아무 생각이 없는 사람처럼 입을 굳게 다문 채 무미건조한 표정으로 멍하게 앉아 있기만 할 뿐입니다. 미소를 보내도 말을 걸어도 아무런 반응이 없습니다. 우리 주위에서 이런 아이들을 드물지 않게 발견할 수 있습니다.

한창 호기심이 왕성하고 신나게 노는 시기인데 왜 이런 모습을 보이는 걸까요?

아이들의 이런 모습은 한때 '호스피털리즘(hospitalism)'이라고 불리면서 주목받았던 현상에서 나타나는 증상 중에 하나입니다. '호스피털리즘' 현상이 주목받기 시작한 계기는 1, 2차 세계대전을 거치면서 전쟁고아가 생겨나고 이들을 수용하는 시설에서는 의식주의 문제가 없음에도 불구하고 가정 아동에 비해 이상하리만큼 아이들의 사망률이 높다는 것이 발견되면서부터입니다.

처음에는 그 원인을 확실히 알 수가 없었습니다. 이들은 주로 감기에서 폐렴으로 악화되어 죽는 경우가 많았기 때문에 감기에 대한 예방 조치가 여러 방법으로 취해졌지만 상황은 전혀 호전되지 않았습니다. 그러자 심리학자들을 중심으로 이에 대한 원인 연구가 활발하게 이루어지게 되었고, 그 대표적인 연구로는 심리학자인 스피츠의 연구가 있습니다.

그는 일반 가정과 두 곳의 보호 시설에 수용된 영아들을 각각 생후 4개월경부터 관찰하기 시작하였습니다. 그런데 이 두 곳의 보호 시설은 너무 대조적인 상황이었습니다. 한 곳은 위생적인 면뿐만 아니라, 시설이나 보육 환경이 잘 갖추어진 곳이지만 아이들을 돌보는 보모는 영아 10명당 한 사람밖에 없었습니다. 그러나 다른 한 곳은 시설이나 환경은 비록 열악하지만 때로는 부모들이 함께 하기도 하고 아이들을 돌보아 주는 보모들의 수도 충분한 곳이었습니다.

그런데 신기한 것은 이 두 시설의 아이들의 발달 양상이 너무나도 다르게 나타났습니다. 시설이나 환경은 빈약하지만 아이들과 함께 놀아 주고 보살펴 주는 보모들이 많은 시설의 아이들은 거의 모두 심신이 건강하고 사망률도 일반 가정의 아이들과 크게 다르지 않았습니다. 하지만 위생적이고 의학적인 케어가 충분한 시설에 수용된 아이들의 경우에는 2년 동안 91명 가운데 무려 34명이나 사망하였습니다. 살아 있는 아이들의 발달 상태도 심각했습니다. 이들의 지적 능력은 백치와 다를 바 없었으며, 언어 능력도 현저히 떨어져 2~4세경까지 약 반 정도의 아이들은 겨우 두세 개 단어밖에 알지 못했습니다. 30% 정도는 언어 사용이 거의 불가능한 상태였습니다. 또한 무관심, 무감동, 무표정 등과 같은 정서적 장애 현상도 심각하게 나타났고, 심지어 보행과 같은 운동 발달의 면도 일반 아이보다 현저하게 떨어졌습니다.

스피츠 박사는 이런 현상에 대한 설명을 다음과 같이 하고 있습니다.

> 어머니 또는 이를 대신하는 어른이 애정이 듬뿍 담긴 태도로 아이를 양육한다는 것은 매우 중요하다. 이런 애정적 양육 태도를 아이들이 경험하지 못하면 '호스피털리즘' 현상이 나타나게 된다.

스피츠의 이런 해석은 상당히 설득력이 있다고 봅니다. 한 명의 보모가 여러 명의 아이들을 돌보아야 하는 상황에서는 가정에서처럼 각 아이들의 욕구에 맞게 적절하게 대응한다든지 애정적인 행동이나 태도를 보여 준다는 것이 그리 쉽지 않을 것입니다.

스피츠의 이런 논리에 대해 최근에는 새로운 주장이 나오기 시작했습니다. 그 주장은 양육자의 애정이 무엇보다도 중요하다고 하지만, 그렇다면 아이에 대한 '애정'이란 과연 구체적으로 무엇을 말하고 있는가를 묻고 있습니다.

그렇습니다.

부모의 마음에 있는 자녀에 대한 애정이 중요한 것이 아니라, 그 애정이 행동이나 언어로 표현된 모습, 즉 애정적 자극이 중요한 것입니다. 눈에 보이지 않는 애정이 눈으로 볼 수 있는 모습으로 표현되어야만 비로소 그 가치를 인정받게 되는 것입니다.

그렇다면 눈으로 볼 수 있는 애정의 모습은 구체적으로 어떤 행동이나 태도를 말하는 것일까요? 부모의 말이 무슨 뜻인지 아기는 못 알아듣지만 '말을 건다, 울면 달래 준다, 미소를 보낸다, 안아 준다, 볼을 비벼댄다, 놀아 준다' 등 이런 부모의 모습을 통해 아기는 시각적, 청각적, 촉각적 애정 자극(정보)을 경험하면서 건강하게 발달해 갑니다. 아무리 자녀에 대한 부모의 사랑이 진실되고 뜨겁다고 할지라도 이런 행동이 보이지 않는 마음속의 사랑은 아이에게는 무의미한 것입니다.

사망률이 높았던 아동 보호 시설의 경우는 가정과는 달리 어른들로부터 이런 다양한 자극을 경험할 기회가 그리 많지 않았을 것입니다. 이런 자극의 결핍이 아이들의 마음을 빈곤과 절망으로 몰고 가버린 것입니다. 그러므로 호스피털리즘 현상의 중요한 원인은 이런 자극(정보)의 결핍에 있다고 볼 수 있습니다.

이런 해석에 대해 많은 아동심리학자들도 동의하고 있습니다. 어떤 학자는 생후 6개월 이전, 즉 '엄마'라고 하는 이미지가 마음속에 형성되기 전까지는 호스피털리즘 현상이 거의 자극의 결핍에 의해 만들어진다고 단언하기도 합니다.

주위를 둘러보아도 관심이나 흥미를 끌 만한 물건도, 손에 잡히는 장난감도 특별한 게 없는 곳, 소리를 질러도 울어도 누구 하나 반응해 주지 않는 곳, 이런 환경에서 양육되는 아이들의 지적 호기심은 억제될 수밖에 없을 것입니다. 극단적인 예를 들고 있다고 생각할지 모르나 사태의 본질은 크게 다르지 않습니다.

심리학자이며 교육학자인 화이트는 유아기에 자극(정보)의 양을 풍부하게 함으로써 아동 보호 시설의 아이들도 일반 가정의 아이들처럼 지적인 면이나 정서적으로 안정된 사람으로 양육할 수 있다는 사실을 실험적으로 확인하기도 하였습니다.

아이들의 건강한 발달을 위해서는 자극(정보)의 양도 중요하지만, 자극의 질도 매우 중요합니다. 자극의 질을 높이기 위해서 영유아기에는 아이들의 욕구와 연령에 맞게 다양하면서도 새롭고, 그리고 적정 수준의 난이도가 있는 놀잇감을 풍성하게 제공할 필요가 있습니다. 그리고 이들 놀잇감이 아이들의 행동에 대해 반응성이 있는 것이라면 더욱 좋습니다.

플라스틱으로 만든 사과나 감, 배추, 오이 등의 모형물과 같이 형체가 고정되어 있는 놀잇감은 별로 좋지 않습니다.

왜냐하면 이런 것은 형태가 고정되어 있어 순간순간의 욕구나 상상력에 따라 마음껏 자기 표현을 할 수 없기 때문입니다. 즉, 이런 놀잇감은 아이들의 행동에 대해 응답성이 적은 것들입니다.

그러나 흙이나 점토, 빈 상자, 나뭇조각, 풀, 나뭇잎, 물 등과 같이 우리 주위에서 얼마든지 볼 수 있고 돈도 들어가지 않는 이런 것들은 응답성이 매우 높은 좋은 놀잇감이 될 수 있습니다.

나뭇잎은 놀이의 세계에서는 얼마든지 다양하게 변신이 가능합니다. 놀이의 세계에서는 이제 더 이상 나뭇잎이 아니라, 소꿉놀이에서 돌로 찧어서 밥을 만들기도 하고, 작게 찢어서 반찬을 만들기도 하고, 인형을 재울 때 부채로 사용하기도 하는 등, 얼마든지 아이의 욕구나 창의성에 대해 충분히 응답을 해주는 반응성이 높은 놀잇감입니다. 이런 놀잇감은 아이들의 지적 발달의 기초가 되는 호기심이나 창의성을 자극하고 육성하는 데 큰 도움이 됩니다.

그러나 오늘날 아이들의 놀이 세계에는 호기심이나 창의성을 자극하기에는 역부족인 인공물의 놀잇감으로 가득 차 있습니다. 우리 주위에 널려 있는 흙이나 나뭇잎 같은 자연물이 가장 이상적이고 좋은 놀잇감임에도 불구하고 철저히 외면당하고 있습니다. 인간은 자연의 일부입니다. 자연의 일부인 인간이 자연과 더불어 즐기고 살아갈 때 가장 인간다워지고 진정한 행복을 맛볼 수 있습니다.

너무 깔끔하게 정돈되어 있고 질서 있는 유치원이나 어린이집의 놀이 환경은 아이들의 흥미나 욕구를 제대로 자극하거나 만족시킬 수 없습니다. 이런 환경은 어른들에게는 깨끗하고 산만하지 않아서 좋을지 모르나 아이들에게는 결코 좋은 것이 아닙니다.

그리고 놀잇감이 무엇이든 많다고 좋은 것만은 아닙니다. 아이들의 탐구심을 자극해서 "해냈구나!", "이제 알았다!"라고 하는 성취감 내지 지적 달성감을 충분히 느끼게 하는 것이 좋습니다. 이를 위해서 그 아동의 연령이나 능력을 고려해서 적정 수준의 난이도가 있는 자극물이나 모델을 제공하는 것이 필요합니다.

현재의 수준보다 너무 쉬우면 즐거움이나 지적 달성감을 느낄 수 없습니다. 반대로 너무 어려우면 실패감을 맛보기 쉽습니다. 그러므로 적당한 난이도를 지닌 대상물을 선정하여 제공함으로써 아이들의 자발적 흥미나 관심을 자극시켜 이것들을 탐색, 즉 공부하고자 하는 욕구나 행동을 유발시킬 수가 있습니다.

또한 부모나 교사들은 아이의 욕구나 능력에 대해 민감해야 할 것입니다. 그래야만 이들이 이미 갖고 있는 지식을 수정하거나 문제 해결 방법을 조금씩 발전적인 방향으로 생각하도록 할 수 있습니다. 이렇게 해서 아이들은 점차 보다 높은 단계의 지적 수준이나 능력을 갖추게 됩니다. 하나의 예로 자석놀이를 생각해 봅시다. 어떤 성질의 물질이 자석에 잘 붙는가에 대해 아직 전혀 지식이 없는 단계에서 교사가 쇠붙이나 철광석을 보여 주면서 "자, 재미있는 걸 보여 줄게요. 이런 것도 달라붙어요."라는 식으로 접근하는 것은 그다지 좋은 지도법이라고 할 수 없습니다.

아직 이 단계에서는 그런 즐거움을 느낄 수 있는 단계가 아닙니다. 이럴 때는 먼저 자석놀이를 자유롭게 하게 하는 것이 좋습니다. 그러는 동안 아이의 머릿속에 나무로 만들어진 물건은 달라붙지 않고, 달라붙는 것은 금색 같거나 번쩍번쩍 빛나는 물건 같은 것이라고 하는 지식이 어렴풋이 자리 잡게 됩니다.

한참 이런저런 탐색을 즐기다가 아이의 행동에서 흥미가 조금씩 식어가는 듯이 보이면 이 시점에서 아이들의 예상과 조금 다른 새로운 물건을 제시해 봅니다. 예를 들면 도금된 알루미늄이나 철제품, 철광석, 철가루 등을 제시해 봅니다. 또는 긴 막대형 자석이나 크고 작은 U자형 자석, 전자석 등을 보여 주기도 해봅니다.

"보기에는 번쩍번쩍 빛나는 물건일지라도 자석에 달라붙는 것도 있지만, 달라붙지 않는 것도 있구나."라고 하는 경험, 즉 자석에 당연히 달라붙을 것으로 생각했던 것이 달라붙지 않는 신기한 경험은 아이들의 호기심이나 탐구하고자 하는 욕구를 더욱 자극합니다.

더 신기한 것은 자석을 갖다 대면 댈수록 멀어지는 것도 있습니다. 스위치를 누르면 자석이 되지만, 스위치를 끄면 자석이 되지 않는 것도 있습니다. 이런 다양한 경험은 아이들에게 여러 종류의 사물에 대한 속성을 알고자 하는 탐색 욕구를 강화시키게 됩니다.

카스퍼 하우저라고 하는 기괴한 운명을 경험한 남자가 있었습니다. 1828년 5월 26일 저녁 무렵, 그는 독일의 뉘른베르크라는 도시에 누더기 같은 옷을 걸치고는 어딘가 이상한 모습으로 나타났습니다. 그리고 5년 후 1833년 12월 14일 오후 보지도 알지도 못하는 한 괴한에게 피습을 받고는 사흘 후 사망하게 됩니다.

사람들에게 처음 발견되었던 그 당시에 그는 똑바로 서지도, 제대로 걷지도 못할 정도였습니다. 몸은 젊은 청년이었지만, 언어 능력이나 표정, 태도, 행동은 마치 2, 3세 정도의 어린 아이들의 수준에 불과했습니다. 자신이 어디에서 왔으며, 지금 어디에 있는지도 모르고 있는 듯 보였으며, 그것에 대해 관심조차 없는 듯했습니다.

그 이후 이 청년에 대한 궁금증이 하나둘씩 풀리기 시작했습니다. 그는 출생 당시 사회적 혼란의 와중에 왕위 계승자 1순위로 결정되어 있었던 신분이었는데, 태어난 지 17일째에 암살당했다는 소문이 전국에 파다하게 퍼졌던 왕자였습니다. 그런데 실제 암살당했던 사람은 왕자가 아닌 그를 대신한 사람이 희생이 되면서 카스퍼 하우저 왕자는 생명을 건지게 됩니다. 그 후 그는 한 간호사의 보호를 받으면서 3, 4년 정도 지낸 후, 뉘른베르크에 나타나기 전까지 지하 감옥에 숨어 지내면서 살았습니다.

지하 감옥에서는 단지 생존에 필요한 빵과 물만이 제공되었습니다. 발견된 후에는 고기나 맥주도 먹여 보았지만, 그는 완강히 거부했습니다. 그를 처음 데리고 간 곳은 이 지역의 기병사단장 집이었는데 하인이 작은 고기 한 조각을 건네주었지만 입 안에 넣자마자 온몸을 떨면서 얼굴에는 경련을 일으키기 시작했습니다. 그는 공포에 질린 표정을 지으면서 입에 물고 있던 고기를 토해 버리고 말았습니다.

지하 감옥에는 두 개의 목마와 몇 개의 리본만 있을 뿐 별다른 놀잇감도, 찾아오는 사람도 없었다고 합니다. 심지어 그는 빵과 물을 갖다 주는 남자에 대해서도 전혀 모르고 있었습니다. 왜냐하면 그 사람의 얼굴을 쳐다보는 것조차 허락되지 않았기 때문입니다.

다행히 발견되고 난 후부터는 뉘른베르크 시장과 시인이며 철학자인 다우머 박사 등에 의해 보호되고 교육을 받을 기회도 제공되었습니다. 그러나 카스퍼 하우저 왕자가 아무리 고귀한 혈통의 자손이라고 할지라도 자극(정보)이 극도로 빈곤한 환경에서 자란 그는 심리학적으로는 야생 인간과 다를 바 없었습니다.

그의 생활은 앞에서 소개한 감각 차단 실험에 참가한 학생들의 상태와 거의 다를 바 없는 환경이었을 것입니다. 그러나 실험에 참가한 대학생과는 달리 카스퍼 하우저가 17년간이나 지하 감옥에서 지낼 수 있었던 것은 다양한 자극(정보)이 풍부하고 변화무쌍한 바깥 세상을 처음부터 전혀 몰랐기 때문일 것입니다. 다행히도 그에게는 두 개의 목마와 몇 개의 리본이 있었는데, 어떻게 보면 이것이 지금까지 자신을 지탱해 준 심리적인 버팀목이 되었음에 틀림없습니다.

바깥 세상에 나온 그는 이렇게 외쳤습니다.

"이 세상에는 왜 이렇게 많은 물건들이 있죠? 난 오랫동안 살아오면서도 아무것도 몰랐다니. 무정도 하군요. 저 아이들이 어릴 때부터 이런 것들을 보면서 자란다고 하니 얼마나 행복할까? 하지만 난 이렇게 어른이 되고 나서야 보다니. 아~ 차라리 그 지하 감옥에서 나오지 않았으면 좋았을 걸. 그곳에 있었을 때에는 그 무엇도 알 필요도, 느낄 필요도 없었는데…." (후략)

카스퍼 하우저의 한탄 섞인 이 외침은 우리 어른들에 대한 경고의 메시지이기도 하다고 생각합니다.

어린 아이들과 놀아본 경험이 있는 사람이라면 "저건 뭐예요?", "왜요?"라는 그들의 끝없는 질문 공세에 당황해 본 적이 있을 것입니다. 아이들은 새로운 것을 알려고 하는 것에는 결코 주저하지 않습니다.

인간은 선천적으로 '지적 호기심'이 강한 존재라고 밝혀진 이상, 아이의 그런 잠재적인 욕구나 능력이 충분히 발휘될 수 있는 기회를 어른들이 제공하지 않는다면 아이들은 성인이 되었을 때 카스퍼 하우저의 한탄과 같은 소리를 하게 될 것입니다.

이 이야기가 "오늘날은 무한 경쟁의 시대이고, 정보화 사회이기 때문에 고도의 지적 능력이 요구된다. 그리고 아이들의 심신 발달도 옛날보다 빠르기 때문에 유아기일지라도 충분히 학습이 가능하기 때문에 가능한 어릴 때부터 교육시키는 것이 좋다."라고 하는 조기교육론자의 주장에 동의하는 것은 결코 아닙니다.

어디까지나 '지적 호기심'의 덩어리인 아이들이 이에 상응하는 지적 교육을 받을 권리가 있다고 주장하는 것입니다. 다시 말하면 선천적으로 왕성한 아이들의 '지적 호기심'에 걸맞은 풍부하고 다양한 자극(정보)의 제공이 필요하다는 것입니다. 그리고 이런 자극(정보)의 선택권은 전적으로 아이에게 주는 것입니다. 부모나 교사들은 단지 아이들이 좋아하는 다양한 환경을 마련해 놓고 아이들의 욕구나 행동에 대해서 적절하게 반응만 보여 주면 되는 것입니다. 어른이 주도적으로 개입할 필요는 없습니다.

만일 이런 방법으로 접근하지 않고 어른들의 일방적 개입으로 아이들의 지적 능력을 향상시키려고 한다면 일시적 효과는 있을지 모르나, 결국 지적 호기심이 상실되거나 수동적 인간으로 전락하게 될 것입니다.

셋째, 아이의 행동, 즉 질문이나 관심에 대해 적극적인 반응을 보여 주는 것이 중요합니다.

민감하고 적절하게 반응을 보여 주는 환경에서는 아동의 지적 호기심이 더욱 자극을 받습니다.

아동심리학자인 라인골드는 다음과 같은 실험을 시도해 보았습니다. 침대 옆에 붙어 있는 공에 아기가 손을 대기만 하면 자동적으로 음악 소리가 흘러나오면서 동시에 선명한 색으로 채색된 동화(動畵)가 나타나는 특수 침대에서 아기의 행동을 관찰하는 조건이 하나 있고, 또 하나의 다른 조건은 아기가 공을 만져도 아무런 변화도 일어나지 않는 조건입니다. 그리고 세 번째의 실험 조건은 아기의 행동과는 상관없이 일정한 시간이 되면 자동적으로 음악소리가 나면서 동화가 나타나는 것이었습니다.

실험 결과를 보면 아기의 행동에 따라 환경의 변화가 있는 조건, 즉 공을 만질 때마다 시청각적 응답이 있는 경우에는 다른 실험 조건에 비해 아기들이 공을 만지거나 탐색하는 행동이 훨씬 많이 보였습니다. 이처럼 응답성이 높은 환경은 아이들의 알고자 하는 욕구를 강화시키면서 지적 호기심을 더욱 자극하게 됩니다.

아이들이 자석놀이를 재미있어 하는 이유도 자석이 다른 물체에 비해 환경의 응답성이 높기 때문입니다. 자석을 물체에 갖다 대기만 하면 어떤 것은 달라붙기도 하고, 어떤 것은 달라붙지 않는 등 응답성이 확실하게 나타나기 때문이죠.

몬테소리 교육에서 사용되는 교구도 '자기 학습적 교구'라는 측면에서는 매우 흥미롭습니다. 교사가 정답을 가르쳐 주지 않아도 그 교구 자체로부터 적절한 반응이 피드백 되도록 연구되어 있는 교구입니다. 하나의 구멍이 나 있는 교구에 다양한 형태의 막대기를 집어넣어 봅니다. 이것저것 다양한 굵기와 길이의 막대기를 집이넣이 보면서 시행착오를 거치는 가운데 그 구멍에 맞는 적당한 굵기와 길이의 막대기를 터득하게 되는 것입니다. 이처럼 그 구멍에 가장 맞는 굵기(길이)를 알게 되는 것은 교사의 설명이 아니라,

교구 그 자체의 반응성으로부터 얻어지는 것입니다.

세 살 정도 되어 보이는 한 여자아이는 막대기를 이것저것 끼워 넣는 놀이에 너무 열중한 나머지 옆에서 다른 친구들이 소란스럽게 놀아도 아무런 관심을 보이지 않았습니다. 몇 번이고 반복하다가 마침내 성공하자 매우 흐뭇한 표정을 지으면서 그 자리를 떠났습니다. 놀이의 세계에서 아이들의 자기 학습의 모습을 발견할 수 있습니다. 이 아이는 놀이에 몰입해서 노는 가운데 자연스럽게 길이나 두께의 계열을 학습하게 된 것입니다.

물론 이런 '응답'을 어른이 대신해도 좋습니다. 그러나 이때 아이들의 질문에 대해 처음부터 완벽한 답을 가르쳐 준다거나 너무 상세하고 꼼꼼하게 설명하지 않도록 하는 것이 중요합니다.

최소한의 힌트만 주면서 일단은 아이들 자신이 스스로 생각하고 고민하는 기회를 만들어 줍니다. 아이들 스스로 '발견의 기쁨'이나 '혼자서 해냈다!'라고 하는 성취의 기쁨을 충분히 느낄 수 있도록 배려하는 것이 중요합니다. 교육을 중시하거나 너무 열심을 내는 교사일수록 이런 자세로 임하기가 쉽지 않습니다.

'이것도 가르치자, 저것도 가르치자'는 식으로 교육에 너무 욕심을 부리지 않는 부모나 교사의 교육 자세가 중요합니다. 어른들의 교육열은 오히려 아이들의 교육을 망치기 쉽습니다. 그렇다고 아이들의 궁금증을 무시하거나 적당히 넘겨 버리는 자세도 결코 좋지 않습니다.

원장 선생님의 미소

바깥 자유놀이 시간이 시작되었습니다.

모두들 신나게 소리를 질러대며 밖으로 뛰어 나갔습니다.

한 아이만은 교실에 혼자 남아 무언가를 열심히 쳐다보고 있었습니다.

이 모습을 본 원장 선생님이 조용히 곁으로 다가갔습니다.

나는 머릿속으로 "왜 넌 나가지 않고 있니! 어서 밖에 나가서 친구들과 놀아요!"라고 한 마디 던지겠지 라고 생각했습니다.

나이 60이 넘어 보이는 원장 선생님은 아이가 바라보는 방향을 쳐다볼 뿐 아무 말이 없었습니다. 하지만 얼굴엔 미소가 있었습니다.

두 사람의 시선은 어항 속의 유리벽을 타고 올라가는 달팽이를 향하고 있었습니다.

원장 선생님이 옆에 계시다는 것을 알아차린 아이는 입을 열었습니다.

"원장 선생님, 달팽이 입은 어디 붙어 있어요?"

"입은 어디예요?"

유리벽에 납작 달라붙어서 기어 올라가는 달팽이의 입이 궁금했는지 묻고 있었습니다.

"글쎄, 달팽이님의 입은 어딜까? 같이 찾아볼까요?"

"원장 선생님, (손가락으로 가리키면서) 이게 입 아녜요?"

"맞았어! 맞아"라고 하며 박수치는 원장의 반응에 아이 표정은 세상을 얻은 기쁨으로 가득했습니다.

한 유치원의 놀이장면에서 관찰한 사례입니다.

'자기 발견의 기쁨'

이런 쾌감은 아이 스스로가 발견할 수 있도록 가만히 지켜보는 어른의 여유가 있을 때 비로소 가능하다고 생각합니다.

이것저것 열심히 가르쳐 보자는 어른의 조급증은 스스로 해냈다는 성취감이나 발견의 기쁨을 아이들에게 느끼게 할 수 없습니다.

외동은 그 자체만으로도 병이다?

우리의 인간관계는 대개 어머니와의 만남에서부터 시작된다고 할 수 있습니다. 어머니와의 만남을 통해 아이는 생존에 필요한 보호와 앞으로 세상살이에 필요한 지식을 공급받으며 자랍니다. 그래서 부모와의 인간관계는 어떻게 보면 친구 관계와는 많이 다른 일종의 상하 관계의 성격을 띤 종적인 인간관계라고 할 수 있습니다.

하지만 친구와의 관계란 부모와는 달라서 때로는 서로 경쟁하기도 하고, 서로 도움을 주고받기도 하기 때문에 대등한 인간관계라고 할 수 있습니다. 아이들이 자라가면서 남을 배려하고 협력하고 주위 사람들과의 좋은 인간관계를 맺어나가기 위해서는 어릴 때 이런 대등한 인간관계의 경험이 필수적입니다.

그런데 집안에 형제가 있는 경우에는 어릴 때부터 이런 경험을 할 수 있습니다. 형이나 누나는 부모처럼 동생을 돌보아 주기도 하고 모르는 것을 가르쳐 주기도 하지만, 친구처럼 함께 재미있게 놀기도 하고 때로는 경쟁이나 다투는 일도 있습니다. 그래서 형제는 부모와의 관계와 같은 종적 인간관계의 면도 있지만, 친구와 같은 대등한 관계라고 하는 특성도 있습니다. 그러므로 형제들이 있는 가정은 이미 아이들이 어릴 때부터 앞으로 사회생활에 필요한 협력과 경쟁의 대인 관계를 체험하고 있다고 할 수 있습니다. 이처럼 형제와의 관계는 부모와 같은 관계에서 출발해서 원만한 친구 관계로 이어 주는 다리 역할을 합니다.

그러나 외동은 이러한 다리 역할을 해주는 형제가 존재하지 않기 때문에 학교나 사회에서의 대인 관계 속에서 어려움을 경험할 수도 있습니다.

사실 우리나라는 다른 여러 선진국 이상으로 외동의 문제가 심각하다고 할 수 있습니다. 중국처럼 강압적으로 외동 정책을 펴나가면서 둘째 아이부터는 신분상의 불이익을 주는 제도가 없음에도 불구하고 우리나라는 한 명의 여성이 임신 가능한 기간에 낳는 아이의 수는 1.2명 전후로 OECD국가 중 저출산율의 선두 주자가 되어 버렸습니다.

발달심리학자인 홀(Hall)이라는 사람은 "외동은 그 자체만으로도 하나의 병이다."라고 독설을 퍼부을 정도로 이 문제를 심각하게 보고 있습니다.

물론 그의 말에 전적으로 동의하는 것은 아니지만, 그러나 이 말에는 결코 간과할 수 없는 중요한 메시지가 담겨 있는 것만은 분명합니다.

형제가 있는 아이는 어릴 때부터 가정에서 타인의 존재를 이해할 수 있는 경험을 하게 됩니다. 그러면서 부모와 형제의 차이를 이해하게 되고 상대방에 따라 자신의 행동을 달리 하지 않으면 안 된다는 것을 깨닫게 됩니다.

특히 형제간의 싸움은 중요하고 필요한 경험이 됩니다. 형제가 있는 사람들은 아마 어릴 때, 형제끼리 다투기도 하고, 괴롭히거나 괴롭힘을 당하기도 하고, 얻어맞거나 때리기도 하고, 울거나 울리기도 하는 경험을 수도 없이 많이 했을 것입니다. 특히 나이 차이가 그렇게 많지 않은 경우는 더욱 그러했을 것입니다.

이럴 때 부모들은 형제간에 싸움이 벌어지면 중재한다든지 양쪽 또는 한쪽을 혼내는 등 개입하는 경우가 많은데, 이런 대응은 결코 바람직한 태도라고는 할 수 없습니다.

가능한 개입하지 않고 허용하는 자세가 좋습니다. 이런 형제간의 싸움을 통해 아이들은 부모와는 다른 존재인 형제들의 특성을 이해하게 되고, 자신의 욕구와 주장을 상대방에 따라 적절하게 조절해야 된다는 사실을 알게 되기 때문입니다.

그러나 외동의 경우는 이런 경험이 없고, 거의 무조건적으로 자신의 욕구를 수용해 주는 어른들과 생활을 하기 때문에 어른들과의 교제 방법은 잘 알고 있을지 모르나, 친구들과의 교제 방법은 잘 모릅니다.

형제간의 싸움을 경험하지 못하고 자라는 아이들은 사회성 발달에 치명적인 영향을 받을 수 있습니다. 어린이집이나 유치원에서 보면 외동들은 어른들에게 접근하는 방식으로 또래들에게도 접근합니다. 하지만 상대는 어른이 아니고, 자기와 대등한 또래들이기 때문에 어른과 같은 반응을 보여 주지 않습니다. 외동은 이런 또래들의 반응에 어떻게 해야 할지 몰라 당황해하기도 하고, 마음에 상처를 받기도 합니다.

형제가 있는 아동은 부모의 관심이나 사랑을 형(동생)보다 더 많이 받기 위해 매일 격렬한 쟁탈전을 벌이면서 살고 있습니다. 동생이 태어나기 전까지 형은 부모의 사랑과 관심을 독차지할 수 있었기 때문에 외동과 같은 특혜를 누릴 수 있었습니다. 그러나 어느 날 갑자기 동생이 출현함으로써 이제와는 전혀 다른 경쟁 상태에 돌입하게 되면서 긴장과 시련이 시작됩니다. 지금까지 100% 장악했던 부모의 애정을 동생의 등장으로 인해 완전히 박탈당했다는 쓰라린 아픔을 경험하게 됩니다.

어느 날부터 혼자 옷을 입어야 하고, 엄마의 등을 타고 올라가면 거부당하기도 하고, 울어도 엄마가 오지 않는 등 갑작스럽게 변한 엄마의 태도에 무척 당황하게 됩니다.

아이들이 "어린 동생을 돌보는 데는 손이 많이 가고 잘 보살펴야

하기 때문에 이제 전처럼 너에게 신경을 쓸 수 없어."라고 하는 부모의 마음을 이해하기란 쉽지 않습니다.

이런 어머니의 갑작스런 태도 변화는 소위 정신분석학에서 말하는 '퇴행 현상'을 일으키기 쉬운 것으로 알려져 있습니다. 예를 들어 말도 잘 하고 대소변을 잘 가렸던 아이가 동생의 출현으로 말을 거의 하지 않게 되거나 유아적 언어를 사용한다든지, 기저귀가 다시 필요하게 되었다든지 등, 다시 어릴 때의 상태로 되돌아가는 것을 볼 수 있습니다. 형의 마음속에는 아기로 되돌아가 다시 전처럼 엄마의 사랑과 보호를 받고 싶다는 무의식의 메커니즘이 작용하고 있다고 볼 수 있습니다.

그러므로 동생의 출생으로 인한 너무 급격한 부모의 태도 변화는 바람직하지 않습니다. 그렇다고 마냥 옆에 끼고 함께 보낼 수는 없습니다. 아이의 연령 변화에 따라 점진적으로 자립하도록 유도할 필요가 있습니다.

어쨌든 형은 시간이 지나면서 이러한 현실을 받아들이고 충격에서 벗어나게 되면서 형으로서의 어엿한 모습을 보이게 됩니다. 이러한 경험은 청년기 이후에 부딪히게 되는 여러 가지 어려움이나 장애를 극복하는 데 큰 힘이 되기도 합니다.

한편, 동생의 경우를 생각해 봅시다. 병원에서 출생 신고를 마치고 집으로 돌아오게 되면 바로 형과의 경쟁 상태에 돌입하게 됩니다. 자기보다 몸집이 크고, 힘도 세고, 머리도 좋은 형이 버티고 있습니다. 이 형은 결코 마음씨 좋은 사람만은 아닙니다. 자신의 특권을 박탈해 버린 동생을 가만히 둘 리가 없습니다. 동생을 괴롭히려고 호시탐탐 기회를 엿보고 있습니다. 이처럼 동생의 생육 환경도 태어나면서부터 험난하다고 할 수 있습니다.

외동은 이런 험난한 인생의 출발을 경험할 수 없습니다. 경쟁이라는 것이 무엇인지를 알 수가 없습니다. 태어나면서부터 누구의 방해도 받지 않고 부모의 사랑과 관심을 독점하면서 자라게 됩니다. 어떤 면에서 보면 행복할지는 모르나, 나중에 유치원이나 학교에 들어가서 다른 또래아이들과 경쟁 상태에 들어가게 되면 당황해하고 혼란 상태에 빠지게 됩니다.

그렇다면 이런 외동의 약점을 극복하기 위해서는 어떻게 하면 좋을까요?

가능한 어릴 때부터 또래 집단의 아이들과 접촉하는 기회를 많이 갖도록 하는 것이 좋습니다. 외동들에게 가장 필요한 것은 또래들과의 만남, 그리고 마음껏 함께 놀 수 있는 시간과 공간입니다. 부모는 이러한 기회를 아이에게 적극적으로 제공해 주어야 합니다. 물론 친구들끼리 사이좋게 놀거나 어울리지만은 않습니다. 때로는 각자의 욕심이 지나쳐서 다투거나 몸을 부딪치며 싸우기도 할 것입니다. 이때 부모나 교사의 바람직한 대응은 일절 간섭하지 말아야 한다는 것입니다. 그렇다고 싸우는 것을 바라보고만 있는 것은 자칫하면 아이에게 자기를 도와주지 않는 것에 대한 섭섭한 마음을 갖게 할 수도 있기 때문에 친구끼리 싸움을 시작하면 가능한 빨리 그 자리를 벗어나는 것이 좋습니다.

"친구끼리 사이좋게 놀아야지!", "친구에게 그런 욕을 해서는 안 되지!", "장난감을 사이좋게 갖고 놀아야지!" 등의 충고는 필요 없습니다.

부모는 "너는 형이니까 참아야지!"라고 말하지만, 이런 말에 형은 마음속으로 "왜 나만 참아야 되지?"라고 하는 의문을 느끼면서 부모의 차별적 대우에 반감을 가질 수도 있습니다. 이런 말들은 모두 아이들에겐 쓸데없는 잔소리에 지나지 않습니다.

그리고 아이들은 그런 것을 다 알고 있습니다. 단지 어른들과는 달리 자신의 욕구를 있는 그대로 표현하다 보니 부딪히게 되는 극히 자연스런 현상입니다.

이런 과정의 경험을 통해 아이들은 성숙해져 가는 것입니다. 이런 소중한 경험을 어른들이 박탈해야 할 이유는 없는 것입니다. 그들만의 세계를 존중해 주는 것입니다. 그래서 친구들이 집에 놀러 오면 반갑게 맞이해 주고 부모를 의식하지 않아도 되도록 자기 방에서 마음껏 놀도록 배려해 줍니다.

요즘의 부모들이나 선생님들은 아이들의 싸움에 너무 지나치게 간섭하는 경향이 있습니다. 물론 그 마음은 이해합니다만, 앞으로 성숙한 사회인으로 성장해 나가는 과정에서 필요한 경험이라고 생각한다면 좀 느긋한 태도가 필요합니다. 아이들끼리 주먹다짐을 하거나 머리채를 붙잡고 싸운다고 할지라도 그렇게 큰 상처를 입지는 않습니다. 아이들의 힘은 그렇게 세지 않습니다. 머리에 혹이 생기거나 얼굴에 할퀸 손자국이 생길지는 모르나 시간이 지나면 사라집니다. 오히려 어릴 때 이런 작은 싸움의 반복적인 경험은 나중에 어른이 되었을 때 큰 싸움을 예방하는 데 도움이 됩니다.

그러므로 이런 경험이 결핍되어 있는 외동은 가능한 어릴 때부터 가까운 곳에 제대로 보육 환경이 잘 갖추어진 어린이집이나 유치원에 보내는 것이 좋습니다.

물론 처음에는 엄마와 떨어지기 싫어하고, 울기도 할 것입니다. 어른들과 마찬가지로 새로운 환경에 적응한다는 것은 결코 쉬운 일이 아닙니다. 엄마도 보고 싶고, 새로운 친구들과 관계 속에서 매일매일 긴장되고 불안을 느낄 것입니다. 그래서 유치원이나 어린이집에 가기 싫어하는 날도 있을 것입니다. 그럴 때는 상태를 잘 파악해서 상당히 힘들어하면 그날은 쉬게 하는 것이 좋습니다. 무리하게 유치원에 가게 하면 오히려 더욱 스트레스를 받게 되고, 등원을 싫어하게 될지도 모릅니다.

그리고 친구들을 집에 불러와서 같이 놀게 한다든지, 친구 집에 놀러가게 한다든지 하는 등의 배려도 매우 중요합니다. 친구 집에 가면 자기 집에서는 느껴 보지 못했던 새로운 경험도 할 수 있습니다. 부모들은 외동에게 필요한 것은 '친구들과 함께 노는 것'이라는 사실을 잊어서는 안 됩니다.

초등학생이 되면 팀플레이가 요구되는 스포츠를 하게 하는 것이 좋습니다. 팀플레이를 통해 팀 구성원들이 무엇을 생각하고 있는지, 자신에게 기대하고 있는 것이 무엇인지를 알 수가 있습니다. 그래서 타인의 입장에서 생각하고 이해하는 것을 경험하게 됩니다.

중학생이 되면 대개 자신의 성격을 알게 됩니다. 자신의 장점과 결점을 지각하면서 자신의 결점을 극복하기 위한 노력을 하게 됩니다. 이때부터는 부모의 개입은 거의 불필요합니다. 아이들 자신에게 맡기면 되는 것입니다.

"외동은 그 자체만으로도 하나의 병이다."라고 하는 홀(Hall)의 말은 너무 극단적이고 지나친 표현일지는 모르지만, 부모의 지나친 보호나 개입, 간섭, 기대 등을 우려하는 외동적 환경에 대한 문제를 지적하고 있다는 의미로 이해한다면 그 나름대로의 메시지는 무시할 수 없다고 생각합니다.

지금 여기에서의 행복을!

요즘 부모들의 특징 가운데 하나는 마음의 여유가 사라져 가는 것입니다. 마음의 여유가 사라지면 아이들이 처해 있는 상황을 이해하고 깊이 통찰할 수가 없게 됩니다.

눈앞에 보이는 것에 급급하여 본질을 놓쳐 버리는 우를 범하는 경우가 많습니다. 대개 이런 사람은 무슨 일이든 서두르기 때문에 결과에만 관심을 가지면서 모든 일이 생각처럼 잘 되지 않는다고 답답해합니다.

아프리카 탄자니아의 초원에는 영양의 한 종류인 누 떼가 살고 있습니다. 이 누의 특징은 어찌나 성미가 급한지 바람결에 덤불이 조금만 흔들려도 사자가 나타난 것으로 착각하여 내달리기 시작한다는 것입니다. 한 마리가 달리면 수천 마리가 영문도 모른 채 앞서

거니 뒤서거니 전속력으로 그 지역을 빠져나가는데, 한번 시작하면 몇 시간 동안 수십 킬로미터를 달리고서야 기진맥진해서 멈춥니다. 사자는 바로 이때를 노린다는 것입니다.

이 누영양처럼 세상이 모두 조급증에 빠져 좌불안석입니다. 자녀에게 대하는 부모의 모습은 한쪽 방향으로 맹목적으로 달리는 누의 모습과 너무나도 흡사합니다. 한 사람이 뛰면 나머지 사람들은 모두 불안해 함께 달려야 하고, 앞서지 못한다면 최소한 그 사람의 발목이라도 잡아야 마음이 놓이는 현실에서 여유를 찾지 못하고 조급증의 열병에 시달리고 있습니다.

자녀를 좋은 대학에 보내야만 한다고 생각한 부모들은 무언가를 시켜야 한다는 조급증에 여유를 찾지 못하고 있습니다. 그러다 보니 자녀의 실체를 보지 못하고 지금 당장 눈에 보이는 결과에만 관심이 쏠려 있습니다. 인생을 살아가는 데 있어 중요한 것은 결과가 아니라 과정임에도 불구하고, 나름대로의 노력은 인정하지 않고 눈에 보이는 결과만을 갖고 혼을 냅니다.

이런 양육 태도에 익숙해진 아이들은 남과의 비교도 항상 결과라고 하는 기준으로 바라보게 되고 결국 속 빈 강정처럼 겉모습의 노예로 살아가게 됩니다.

사실 '부모님에게 효도하라'라는 말은 필요가 없는 말입니다. 자녀로부터 신뢰와 존경을 받고 있는 부모라면 자연스럽게 아이들은 마음으로부터 부모를 사랑하고 효도하게 됩니다. 하지만 참된 부모의 모습은 보여 주지 않고, 부모라는 권위를 내세우는 외침은 오히려 역효과를 초래하게 됩니다.

아이가 바라는 부모의 모습은 겸허하면서도 깊이 있게 자신을 바라보며 열심히 살아가는 모습입니다. "자녀는 부모의 뒷모습을 보면서 자란다."는 말처럼 자녀에게 일방적으로 설교하기보다는 진지하게 살아가는 부모 자신의 뒷모습이 훨씬 자녀에게 큰 메시지를 주게 됩니다.

자녀와 정면으로 쳐다보고 있는 부모는 방향을 180도 전환해서 이제부터 자녀와 같은 방향으로 바라보면서 함께 걸어가는 자세가 필요합니다.

부모는 자신의 부족한 점을 충분히 알고 있습니다. 그러한 것을 감출 필요는 없습니다. 고민하고 때로는 자신을 채찍질하면서 보다 나은 모습을 향해 노력하는 것입니다. 부모라고 하지만 때로는 자녀의 도움이 필요할 때도 있고, 자녀들로부터 배우는 부분도 많습니다. 오히려 자녀에게 가르치는 것보다 자녀에게 배우는 점이 더 많을지도 모릅니다. 부모와 자녀가 서로 가르치고, 가르침을 받으며 성장해 가는 모습 그 자체가 바로 '자녀에 대한 교육'인 것이고, 동시에 '부모 자신의 성장'인 것입니다.

자녀의 행복을 바라지 않는 부모는 없을 것입니다. 그런데 '행복'이란 무엇입니까? 건강하고 돈이 많고 높은 지위에 있으면서 자신이 하고 싶은 대로 할 수 있는 것입니까? 만일 이것이 행복이라고

정의한다면 병이나 신체적 장애로 고생하는 사람들, 가난하고 신분이 불안정한 사람들, 자신이 하고 싶은 대로 할 수 없는 사람들은 불행한 사람이 되는 것입니다.

그러나 이런 사람들이지만 정신적으로 여유가 있고 내적 충실감과 행복감을 느끼면서 살아가는 사람들을 우리 주위에서 얼마든지 찾아볼 수 있습니다.

반대로 육체적으로는 건강하지만 정신은 병들었고, 모든 일에 무기력한 사람들이 있습니다. 돈은 많지만, 인색하고 가난한 사람들에 대한 배려가 부족한 사람들도 있습니다. 높은 지위를 이용하여 약한 사람을 마음대로 짓밟는 사람들도 있습니다. 이런 사람들은 겉으로는 대단한 것처럼 보이지만, 마음은 행복하지 못한 사람들입니다.

'행복의 조건'이 마치 돈이나 사회적 지위에 있는 것으로 착각하고 이것을 소유하기 위해 혈안이 되어 있는 부모들은 오늘도 아이의 학교 성적에만 모든 정신을 쏟고 있습니다.

설령 자녀가 장성하여 그러한 조건을 다 갖추었다고 할지라도 '행복'해진다는 보장은 없습니다. 오히려 그러한 조건을 갖추기 위해 어릴 때 경쟁심만을 불태우면서 배타적으로 행동한 사람은 행복해질 수 없는 것입니다. "뿔을 얻기 위해 소를 죽인다"는 속담처럼 '행복'의 조건은 갖추었지만 '불행'해졌다는 것과 다를 바 없습니다.

우리는 '지금 여기'에서 열심히 살고 있습니다. 아이들도 마찬가지입니다. 인간은 '지금 여기'에서 자신다움(개성)을 표현하며 느낄 때 최대의 행복을 느끼게 됩니다.

그러나 부모들은 장래에 대한 목표에만 초점을 맞추고 아이들의 '지금 여기에서'의 행복을 부정하고 그 폿대로 몰아붙이고 있습니다.

'지금 여기'에 존재하고 있는 아이들이 '지금 여기에서의 삶'이 부정된다면 이들의 미래 또한 어두워질 수밖에 없습니다.

부모들은 "자녀의 장래를 위해서."라고 말을 하고 있지만 '지금 여기에서'의 생활이 공허한데 미래가 충실해질 수 있겠습니까? 있을 수 없는 이야기입니다.

역사는 연속적인 것입니다. 아동기의 하루하루는 바로 어른의 세계로 연결됩니다. 그렇다고 아동기의 하루하루가 어른이 되기 위한 준비 단계는 결코 아닙니다. 아이들의 하루하루는 그 자체가 하나하나의 완결된 형태를 띠고 있습니다. 단지 하루하루 연속의 저 건너편에 미래가 있을 뿐입니다.

만일 아동기의 하루하루가 미래를 위해 준비하는 시기라고 한다면 언제부터가 미래이고 어떤 형태가 완성된 모습이라고 이야기할 수 있는지?

아이들의 미래는 성인이 되었을 때를 말하고 있는지?

만일 그렇다면 성인이 되면 아이들이 기대했던 욕구가 충족되고 행복은 보장되는 것인지?

성인이 되면 이제는 기억력이나 분별력이 떨어지고 기운이 쇠하여지는 노년기가 기다리고 있습니다. 미래를 위해 끝없이 오늘을 희생해 왔던 아이들은 지나간 시간 속에 공허하고 무력했던 자신을 발견하면서 무상해진 자신을 발견하게 될 것입니다.

인생에는 준비하는 시기란 없는 것입니다.

'지금 여기에서' 최선을 다하면서 살아가는 것만이 가장 진실된 모습이며, 그 이상의 아름다운 모습은 없습니다.

만일 아동기가 청년기를 위해, 청년기가 성인기를 위해, 그리고 성인기는 노년기를 위해 준비하는 시기라고 한다면 결국 인생의 모든 것은 죽음을 위한 준비에 지나지 않는다는 말이 됩니다.

독일의 심리학자인 뷰라는 '풍크치온스루스트(Funktionslust)'라는 개념을 제안하였습니다. 이 말을 우리말로 풀어서 설명한다면 '기능의 즐거움'이라고 이야기할 수 있습니다.

아이들은 자라면서 끝없이 새로운 기능이 만들어지는데 그때그때 그러한 기능이 충분히 표현될 때 인간은 최고의 기쁨을 느낀다는 것입니다.

이제 막 걸음마를 배우고 있는 한 아이는 몇 발자국 걷다가 넘어지곤 합니다. 그러다가 넘어질 때쯤 되었을 때 아이는 이제 몸을 벽에 기대어 봅니다. 그리고는 무어라 표현할 수 없는 만족감을 얼굴에 보여주듯 웃고 있는 것입니다.

그렇습니다.

이 아이는 이제 벽에 기대면 넘어지지 않고 다시 걸을 수 있다는 사실을 깨달았습니다. 그것을 실현하여 성공하게 된 이 아이는 세상의 그 모든 것을 얻은 것과 같은 쾌감을 느끼고 있는 것입니다.

이 아이는 영아로서 최대의 기쁨을 느끼며 행복합니다.

부모들은 이러한 것을 이해하고 3세 아이는 3세 아이로서, 6세 아이는 6세 아이로서, 12세 아이는 12세 아이로서 '자기 기능의 즐거움'을 최대한 느끼도록 배려해 주어야 합니다. 이는 순간순간 자기 완결의 경험이라고 이야기할 수 있습니다.

전문가들 가운데는 어릴 때의 놀이는 장래에 신체나 운동 발달, 창의성, 지적 발달, 정서, 그리고 사회성의 발달에 도움이 되기 때문에 중요하므로 꼭 경험해야 한다고 생각하는 사람들이 많습니다만, 사실 이런 논리도 엄밀하게 따져 보면 '기능의 즐거움'을 이해하지 못하는 사람들의 생각입니다.

놀이는 어릴 때 생성되는 기능인 것입니다. 어릴 때 이 기능을 충분히 발휘하는 것은 이 시기의 '천직(天職)'인 것입니다. 이것이 장래에 어떤 긍정적 영향을 주기 때문에 해야 한다는 것은 극히 계산적이고 공리적인 사고입니다.

물론 어릴 때의 놀이는 결과적으로 어른이 되어서는 큰 도움이 됩니다만, 그때그때의 놀이에 몰입하고 있는 아이들의 마음은 그 무엇을 위해서가 아니라, '무념무상(無念無想)'의 경지에 있는 것입니다.

마라톤을 하는 사람은 가파른 언덕을 올라갈 때는 위를 쳐다보지 않는다고 합니다.

묵묵히 앞만을 바라보며 뜁니다.

'보다 나은'을 추구하는 사고의 틀 속에 갇혀 있는 우리는 현재에 만족할 수 없는 끝없이 쫓기는 불안감에 초조해하고 있습니다.

내일보다 오늘을 소중히 여기는 사람은 하루하루를 의미 있게 충실히 보내는 사람임에 틀림없습니다.

지금 여기에서의 삶을 내일을 위한 하나의 과정으로만 본다면, 즉 지금의 삶 자체가 무언가를 위한 수단이라고 한다면 인간은 자신이 목적했던 그 무엇을 달성했을 때 순간의 기쁨은 잠시, 곧 '엔뉴이(ennui)' 상태에 빠지게 됩니다. '엔뉴이'란 삶의 방향 감각을 상실한 채 초조감이나 불만, 허무감을 느끼는 상태를 말합니다.

오랫동안 투병생활을 하던 환자가 자신의 병이 완치되자 엔뉴이 상태에 빠져 자살을 해버렸다는 이야기가 있습니다.

우리나라의 명문대로 불리는 S대에 재학 중 함께 동아리 활동을 했던 30대 초반의 엘리트 9명이 직장과 학업을 중단하고 구도자의 길을 걷겠다며 제각기 삭발, 출가(出家)했다는 이야기가 신문에 보도된 적이 있었습니다. 이들은 행정고시에 합격하여 중앙부처 사무관으로 근무 중인 사람이거나 박사 과정 재학 중인 사람들이었습니다.

"세상살이가 덧없고 허무하다."

"사무관으로 근무하다 문득 '가족이 생기고, 지위도 높아졌을 때 허무해지면 어떻게 하나.'하는 생각이 들어 한 살이라도 젊은 나이에 출가하기로 결심했다."

“어릴 때부터 모범생으로 S대에 들어갔고 박사 과정에 들어갔지만 진정한 삶의 의미를 발견하지 못했다. 훌륭한 학자가 되더라도 모두 덧없고 부질없다는 생각이 들었다.” 모두들 ‘엔뉴이’ 상태를 두려워하면서 탈출구를 찾고 있는 것 같습니다.

인터넷 붐으로 갑자기 돈방석에 앉게 된 젊은이들 사이에 정서불안과 소외감 등 소위 ‘졸부 증후군’(SWS: Sudden Wealth Syndrome)이 나타나고 있다고 「로스앤젤레스 타임스」가 보도한 적이 있습니다. 목적으로 했던 돈을 부족함 없이 손에 거머쥐었지만, 고삐 풀린 망아지처럼 어디를 가야 할지 몰라 방황하고 있다는 것입니다.

이 신문은 샌프란시스코 정신건강연구소 설립자인 스티브 골드바트와 조앤 디퍼리아의 말을 인용, “인터넷 업체 소유주나 스톡옵션 소지자 중 상당수가 최고급 저택과 스포츠카를 갖고 있으면서도 낯선 외계에 들어선 듯한 소외감을 떨칠 수 없다고 호소한다.”고 하였습니다.

또한 이들은 자신이 돈을 번 속도만큼 빨리 돈을 잃어버릴 것이라는 불안감에 사로잡혀 있고, 친구들과 일상사를 의논하고 싶어도 상대방의 반응이 두려워 차마 말을 붙이지 못하고 끙끙 앓는 경우가 많다고 합니다. 이들은 그토록 혈안이 되었던 돈벌이라는 목표가 사라지면서 “이제 더 이상 돈을 벌 필요가 있나.” 하는 생각에서 ‘엔뉴이’의 구렁텅이에 빠진 것입니다.

진학만을 목표로 12년 동안의 생활을 오직 공부에만 매달리면서 그 모든 것을 희생시킨 학생이 정작 그렇게 꿈꾸었던 대학에 진학하자, 그 기쁨이나 행복도 잠시 이제는 어느 방향으로 나아가야 할지 몰라 일시적으로 엔뉴이 상태에서 무력한 시간을 보내는 사례도 허다합니다.

나의 경험상으로도 특히 고등학교 3년 동안의 생활은 하루하루가 오직 대학 진학만을 위한 준비 과정 이외의 어떤 의미도 없었던 걸로 기억됩니다. 당시 어떠한 여유로움도 사치스러움으로 여겨질 뿐, '공부'라는 올가미로 철저하게 덮어씌워져 있었습니다.

목에 힘이 잔뜩 들어간 교장은 조례 시간에 "인문계 고등학교는 대학 진학을 위해 준비하는 교육기관입니다. 그러므로 제군들은 대학에 다 들어갈 수 있도록 오직 공부에만 전념해 주기 바랍니다."라고 종종 훈시하곤 했던 것이 기억납니다.

선생들은 '대학 진학'이라는 일념이 한순간이라도 흐트러지지 않도록 매일매일 교실 안을 긴장과 공포 분위기로 만들어서 끝이 보이지 않는 학력지상주의의 세계로 거세게 내몰았습니다.

선생들의 교육은 유형, 무형의 폭력 그 자체였고, 우리 학생들은 상대적 가치관에 세뇌되어 인간적인 모멸감을 느끼면서 그 아까운 세월을 보냈어야 했습니다.

교육 내용도 특별한 게 없었다고 생각됩니다. 당시 거의 매일 국어, 영어, 수학만 배웠고, 이것만이 자신의 능력과 가능성을 알 수 있는 유일한 잣대인 양 착각하도록 마술을 걸어 놓고 내일의 꿈과 행복을 보장해 주는 것처럼 궤변을 늘어놓는 그들 앞에 학생들은 순한 어린양처럼 그저 눈만 깜박이고 있었습니다. 지금 생각하면 마치 호되게 사기를 당한 기분이 듭니다.

이런 '국·영·수'의 무형적 폭력 앞에 반항하기보다는 오히려 자신의 무능함을 탓하면서 그저 자신이 죄인인 양 고개 숙이고 학교를 그다지도 열심히 다녔습니다. 새벽별을 보고 집을 나서면 중천에 떠 있는 달을 보고 집에 돌아오는 시절이었습니다. 집에 오고 가는 시간도 아까워 학교 앞 독서실에서 아예 전용 책상을 만들어 놓고 책과 씨름하다가 잠이 오면 그냥 책상에 엎드려 눈을 붙였습니다. 잠자는 시간도 아까워 종종 타이밍 약을 먹곤 하였습니다. 약을 먹고 나면 몽롱해지는 의식에 글자가 눈에 잘 들어오지 않았지만, 책을 거머쥐고 있는 행위 자체에 만족하면서 공부해야만 했던 나의 어리석음은 당시 '대학 진학'만이 내가 살 수 있는 유일한 길이라는 생각에 어쩔 수 없었던 것 같습니다.

대학 합격의 기쁨에 느꼈던 흥분도 잠시, 부모님께 합격 소식을 전하러 가는 동안, 나도 모르게 마음 한구석에 밀려오는 허전함을 억누를 수 없었습니다. 그렇게 거대했던 목표가 내 앞에서 사라진 순간, 농도 짙게 밀려오는 허무감에 다리의 힘은 점점 빠져나가는 것만 같았습니다.

당시 나도 엔뉴이 상태를 경험한 것입니다. 모든 것을 희생하고 얻는 결과 앞에 당당해야 할 내 자신이 이렇게 맥없이 주저앉는 기분이었습니다.

장밋빛 미래가 보장되는 것처럼 착각하게 만든 선생의 파렴치한 교육적 폭력에 희생양이 되고 있는 아이들의 슬픈 초상만이 눈에 가득할 뿐입니다.

지금 여기에서의 순간순간의 경험이 얼마나 소중한지, 일생에 두 번 할 수 없는 이 순간의 경험, 남들이 해보지 못하는 나만의 경험이 얼마나 소중한지를 이야기해 주어야 할 것입니다.

끝이 보이지 않는 내일을 위해 두 번 다시 오지 않는 오늘의 소중한 삶을 희생하고 있는 아이들은 오늘도 밤 12시 가까이 되어서야 집에 돌아오고 있습니다.

이런 인간 망조의 길을 걷고 있는 우리 교육의 현실을 바라보고 있노라면 분노하기도 지치고 마냥 슬퍼집니다. 교육의 개혁은 외치고 있지만, 아직도 교육 현실은 겉모습만 바뀌었지 본질은 그대로입니다.

지금 여기에서 산다는 것이 다른 그 무엇을 위한 수단이 아닌, 그 자체가 목적인 삶을 살아가는 사람은 어릴 때 마음껏 놀았던 경험이 풍부한 사람일지도 모릅니다. 왜냐하면 그런 사람은 놀이를 통해 삶의 보람은 결과보다 과정을 통해 느낄 수 있다는 사실을 경험적으로 터득했기 때문입니다.

인생에는 물론 목적이 필요합니다. 목적이 없는 삶만큼 허무한 인생도 없을 것입니다.

그러나 그 목적이 자신의 기준보다 부모나 선생님의 기준, 또는 친구와의 비교 기준에서 탈피하지 못하고 '보다 좋은 성적을 위해', '보다 좋은 대학에 진학하기 위해', '보다 나은 생활을 위해', '보다 나은 사회적 지위나 명예를 위해'라고 하는 사회적인 기대의 수준에만 머문다고 한다면 그 사람의 자기다운 꿈과 이상은 말 그대로 꿈이요, 이상(理想)일 뿐입니다. 이런 사람은 삶의 만족에 대한 영원한 갈증을 느끼면서 살아갈 수밖에 없을 것입니다.

돈이나 명예, 지위는 어디까지나 성실한 삶의 뒤에 자연스럽게 따라오는 부수적인 것들이지, 그 자체가 목적이 되어선 안 될 것입니다.

이런 것에 너무 집착하여 오늘을 희생한 사람들은 노후에는 '지금까지 자신의 삶은 과연 무엇이었나?'라고 하는 근본적인 질문에 직면하면서 허탈해할 것입니다.

'행복'은 먼 곳(장래)에 있는 것이 아닙니다.

'파랑새'를 찾으러 여러 나라를 돌아다녔던 '치르치르'와 '미치르'는 그것은 먼 곳에 있는 것이 아니라, '지금 여기' 있다는 것을 알게 됩니다. 우리 집의 평범한 생활 속에 있다는 것을 알게 된 것입니다.

'지금 여기에서'의 생활보다 중요한 것은 없습니다.

인생을 보다 보람 있게 살아가는 사람은 '지금 여기'의 삶을 소중히 여기는 사람입니다.

의외의 결과

핀란드 후생성에서는 50세의 관리직 남성 200명을 대상으로 이런 실험을 실시하였습니다.

200명 중 절반인 100명에게 의학적으로나 영양학적으로 가장 이상적이라고 할 수 있는 생활을 요구하게 됩니다.

담배는 절대 피워서는 안 되고 술은 하루 걸러서 마시되 적당한 양만 마시게 하였습니다.

하루하루의 식단도 영양학적 밸런스를 생각해서 거의 모든 영양소가 골고루 섭취되도록 계산해서 짜도록 하였습니다.

수면도 필요한 만큼 충분히 취하도록 하였습니다.

하지만 나머지 100명에게는 이런 규제가 전혀 없었습니다.

술이나 담배는 얼마든지 할 수 있으며 먹는 것도 영양학적 밸런스를 전혀 고려하지 않고 먹고 싶은 것은 무엇이든지 먹을 수 있는 자유가 최대한 허용되었습니다.

핀란드 후생성은 이 실험을 실시하기에 앞서 다음과 같이 가설을 세워 놓았습니다.

"술이나 담배, 식사 등에 있어 아무런 규제가 없이 생활하는 남성들은 의학적으로나 영양학적으로 이상적인 생활을 한 남성들보다 더 많이 병들기나 더 빨리 사망할 것이다."

너무나 당연한 가설이었습니다.

그리고는 이 두 집단을 대상으로 10년간을 추적 조사를 하였습니다.

그러나 10년간의 실험 결과, 이 가설과는 정반대의 현상이 나타났습니다.

예상이 완전히 어긋난 것입니다.

건강을 위해서 가장 이상적이라고 생각했던 조건에서 생활을 했던 남성들이 오히려 더 많이 병들고 사망하는 사람도 더 많았던 것입니다.

이런 결과에 놀란 핀란드의 후생성은 실험 결과의 발표를 몇 년간 보류하였습니다.

왜 이런 결과가 나왔을까?

아마 술이나 담배, 영양, 수면 시간 등 매일매일 자신의 행동을 간섭받고 규제받는 생활에서는 스트레스를 많이 느꼈을 거라고 생각합니다.

매일 자신의 행동을 규제받는다고 하는 것은 의학적으로나 영양학적으로 이상적인 조건에서의 생활을 한다고 할지라도 행복감을 느낄 수 있는 상태는 아닐 것입니다.

아이들도 마찬가지입니다.

이상적이라고 생각하는 교육이나 생활환경 조건 하에서 이것저것 가르치면서 통제하는 것보다는 좀 더 자유로운 가운데 아이들의 자기표현이나 자기 선택을 존중하면서 지금 여기에서의 행복감을 최대한 느낄 수 있도록 배려하는 것이 중요하다고 생각합니다.

몸과 마음이 건강한 생활이란 이런 생활을 말합니다.

학대로 빼앗긴 아이들의 자유

우리 사회에는 가정이라는 밀실 안에서 부모로부터의 정신적, 신체적 폭력에 시달리거나 기본적인 양육 환경마저 박탈당한 채 생명의 위험을 느끼며 살아가고 있는 아이들이 의외로 많이 있습니다.

문제는 이러한 아동 학대의 대부분이 근친 간에 일어나고 있어서 그 실상을 정확히 파악하기가 그리 쉽지 않고, 그 내용이 심각한 수준이어서 실질적이고도 근본적인 대책의 마련이 시급한 실정이라는 것입니다.

여섯 살 난 서울의 모 초등학교 1학년 K군은 양호교사와 함께 병원을 찾아갔습니다. 나리가 부러진 K군은 학교에서 간단한 응급조치를 받은 상태에서 곧바로 병원의 응급실로 옮겨졌습니다. 양호교사의 이야기로는 “이 아이는 평상시에도 온몸에 자주 멍이 들고 뼈가 부러진 적도 있었다. 몸에 바늘에 찔린 자국 등이 발견되는가 하면 귀를 물어뜯긴 자국이 보이기도 했다."는 것입니다. 그래서 그 아이의 어머니를 학교에 불러서 상담해 보았지만, "모른다."는 대답으로 일관했었다는 것입니다.

아동에 대한 신체적, 성적 학대의 대부분이 외부인의 간섭이나 눈길에서 차단되어 있는 가정이라는 공간 속에서 자행되고 있기 때문에 이런 아이들을 보호할 만한 실질적인 방법이 없다는 데 문제의 심각성이 있습니다.

2002년 12월 28일자 모 일간지에 실린 내용을 보면 국내 아동 학대의 발생률이 가구당 2.6%, 약 44만 9천명으로 보고하고 있습니다. 그러나 실제 아동 학대의 발생률은 이보다 훨씬 높다고 볼 수 있습니다.

아동 학대는 가정이라는 밀실 안에서 일어나고 있는 행위이기 때문에 공공기관이나 일반 사회단체의 발표 수치는 단지 빙산의 일각에 지나지 않습니다. 사실 아동 학대에 관한 명확한 정의와 그에 대한 보고를 법률적으로 의무화하거나 권위 있는 조사 기관에서 이에 대한 것을 구체적이고 철저하게 조사하는 체제를 갖추지 않으면 그 실체를 정확히 파악하기란 그리 쉽지 않습니다.

'아동 학대'라는 문제가 세상에 알려지고 관심을 갖게 된 것은 1874년 미국에서 일어난 메리 에런이라는 소녀의 사건이 계기가 되었습니다. 뉴욕에 살고 있었던 메리는 계부(일설에 의하면 친부모)

에게 구타를 당하면서 굶어 죽어가는 급박한 상황에서 발견되었습니다. 그러나 그 당시 미국에는 메리처럼 학대받는 아동을 보호하는 법률이 없었습니다. 그래서 시민들이 동물학대방지협회를 설득하여 메리도 넓은 의미로 보면 동물의 일원이므로 적어도 개나 말이 대접받는 정도의 보호는 받을 권리가 있다는 주장을 하여 메리를 구하게 됩니다.

메리의 비참한 학대 사건이 세상에 널리 알려지게 되면서 뉴욕이나 필라델피아 등의 미국 각지뿐만 아니라, 유럽에서도 아동 학대 방지나 보호를 위한 단체가 생기는 계기가 되었습니다.

미국인권협회에서는 학대를 크게 신체적인 것과 성적인 것으로 나누고 있습니다. 물론 심리적인 것도 있겠지만, 이것은 객관적으로 판단하기 쉽지 않다는 문제점이 있습니다.

일반적인 이해로 '학대'라는 행위는 부모나 보호자가 아이를 의도적으로 신체적, 정신적인 상처를 입히거나 성적인 폭력을 가하는 경우를 말하고 있습니다.

한편 '아동의 보호를 태만히 하거나 거부하는 행위(neglect)'라고 하는 것은 부모 또는 보호자가 아이를 버리거나 아이의 생존에 필요한 의식주를 공급하지 않거나 치료를 제공하지 않는 경우를 말합니다.

그러나 국제아동복지협회에서 내리는 '아동 학대'에 대한 정의에는 전자는 물론, 후자와 심리적 학대까지도 포함을 시키고 있습니다. 심리적 학대란 아동에게 불안, 우울, 무감동 등의 심리적 외상을 입히는 양육 행위를 말하고 있습니다.

학대 가운데에서도 특히 성적 학대로 인한 아동의 상처는 너무도 비참합니다. 외국의 경우를 보더라도 그 상처가 너무 크고 깊어서 치료가 불가능할 정도로 허다합니다. S대 병원 의료사회사업실의 보고 사례에는 "어머니와의 사랑이 잘못된 것인 줄은 알지만 자꾸만 생각나서 끊을 수가 없었어요.", "이 아이를 입양해 주세요, 이 아이의 아빠는 바로 저의 친아버지예요.", "아들의 아이를 임신해서 괴롭습니다." 등의 내용을 볼 수 있습니다. 이런 성적 학대는 가해자인 성인이 피해자인 아동에게 외부에 절대 알리지 못하도록 압력을 가하거나 근친상간에 대한 언급조차도 금기시하는 사회적 분위기 때문에 은폐되는 경우가 대부분입니다.

어떤 보고에 의하면 전체 아동 학대 가운데 성적 학대가 차지하는 비율이 25%나 된다고 하니, 그 현실이 얼마나 심각한지 충분히 상상할 수 있습니다.

근친상간의 특징은 가해하는 부모나 형제가 단지 성적 욕구만을 충족하기 위한 것이 아니라, 가해자 자신이 갖고 있는 문제나 욕구를 해소하기 위하여 자신의 지위와 힘을 이용하여 아동을 성적으로 이용한다는 점입니다. 친자녀나 동생인 경우에는 어떤 책임을 느끼거나 특별한 요구가 필요 없다는 단순한 이유도 작용하고 있습니다.

「청소년 정신의학회지」에 실린 9명의 근친상간의 사례를 보면 가해자가 아버지인 경우가 5명(친부모 4명, 양부모 1명), 모자 2명, 친남매 2명으로 나타나 있습니다.

피해 아이는 철저하게 파괴된 부모에 대한 신뢰감과 이성에 대한 두려움, 치유할 수 없는 자신에 대한 수치심과 불쾌감 등으로 자신의 정신세계가 엉망이 되어 버립니다.

대체로 우리 사회는 아동 학대에 대해서 의외로 관용적인 태도를 보이는 경향이 있는 것 같습니다. 예전에 신문에 품행이 불량하다고 딸을 나무라다 잘못 때려서 숨지게 한 혐의로 구속 영장이 신청된 아버지에 대해 법원이 영장을 기각한 경우가 보도된 적이 있었습니다. 모 지법의 판사는 딸을 훈계한다고 손찌검을 하다가 넘어뜨려 숨지게 한 혐의가 있는 L씨(49세)에 대해 검사가 신청한 구속 영장을 기각하기도 하였습니다.

판사의 설명은 이렇습니다. "피의자가 딸의 탈선을 보다 못해 훈계 차원에서 손찌검을 한 것이며, 범행 결과에 따른 고통을 당해야 하는 처지에 대해서도 동정이 간다. 그리고 부인도 선처를 호소하고 있는 점을 참작하여 영장을 기각한다."는 논리인 것입니다.

한 마디로 약자에 대한 강자의 일방적인 논리입니다. 사회의 지도층이라고 할 수 있는 사람들이 그것도 법정에서 이런 황당한 논리를 전개할 정도라고 한다면 우리 사회는 아동 학대에 대해 지나칠 정도로 관용적이고, 관용적이다 못해 어른들 모두가 아동 학대의 공범자가 아닌가 하는 생각마저 들게 합니다.

평화스럽고 풍요롭게 살아가야 하는 이 시대에 부모의 유형적, 무형적 폭력이 두려워 어두운 밤거리를 헤매면서 상처투성이인 몸과 마음으로 힘겹게 하루하루를 보내고 있는 어린 아이들이 우리 주위에 의외로 많습니다.

물론 아동 학대는 세계 어느 나라에서도 일어날 수 있으며, 또한 일어나고 있는 현상이기도 합니다. 특히 우리나라는 "착한 아이는 매로 다스리고"라는 옛 속담이 있듯이 "아이의 버릇을 고치고 훌륭한 사람으로 키우기 위해서"라고 하는 그럴 듯한 이유로 위장된 폭력적 행위가 가정이나 학교에서 은밀하게 일어나고 있습니다.

더 큰 문제는 그 누구도 이것을 문제 삼으려 하지 않는다는 것입니다.

학대받고 있는 대다수의 피해자는 힘없는 어린 아이이며, 이들은 외침 없는 소수 집단입니다. 이들은 기성의 이익 집단처럼 자신의 권리나 이익 보호를 위해 어떤 단체를 만들어서 목소리를 내거나 시위하지도 않는, 아니 시위할 능력도 없는 집단, 자신들의 억울함을 호소할 수도 없는 극히 나약한 자들입니다.

이들은 자신을 살리는 것도, 죽이는 것도, 사랑을 베푸는 것도, 거부하고 무시당하는 것도 모두 부모인 어른의 의지에 전적으로 달려 있습니다. 이런 자신의 인생을 결정짓는 부모를 선택할 권리도 전혀 없는 무능한 존재들입니다.

불행하게도 아동 학대의 가해자들은 아이들이 가장 믿고 의지할 수밖에 없는 유일한 보호자인 부모라는 것입니다. 아이를 마치 자신의 소유물처럼 취급하는 부모들의 횡포 앞에 작은 두 손을 떨면서 용서를 비는 아이의 모습, 끝도 없이 당해야만 하는 무력한 아이들은 더 이상 희망을 이야기할 수 없는 세상에서 오늘도 숨을 쉬면서 생존하고 있습니다.

'원고'격인 그들은 '가해자'를 법정에 고발하지도 않습니다. 가해자가 친부모든 양부모든 '부모'라고 하는 절대적 권위 앞에 그저 순종할 수밖에 없습니다.

만일 '부모'라고 하는 절대적 권위에 반발할 경우, 부모로부터 버림받지 않을까라는 두려움이 있습니다. 아이들은 그저 순한 어린양의 모습으로 만족하고 살아가야 합니다. 오히려 아이들은 이런 비밀이 밖으로 알려지지 않을까 걱정까지 하기도 합니다.

일부 개발도상국에서 볼 수 있는 빈곤이나 부녀자에 대한 인권무시로 인해 발생하는 아동 학대의 문제는 점차 사라지고 있습니다. 하지만 부모 개인의 정신적 병리나 가족 병리에 기인한 아동 학대는 점점 늘어나고 있는 추세입니다. 사회와 가족의 변화에 따라 소위, '서양형'이나 '문명국가형'의 아동 학대가 점점 증가하고 있는 실정입니다.

핵가족 현상이 보편화되어 가고 있는 가운데 맞벌이 부부나 이혼, 별거 등의 증가로 인해 가정의 본래 기능인 상호 협력의 양육기능은 점점 상실되고 있습니다.

경제적 번영의 물결 속에 흡수되지 못하고 상대적 빈곤과 욕구 불만으로 가진 사람에 대해 적대 감정을 품고 이 사회에서 도태되어 가고 있는 사람들도 점점 늘어가고 있습니다. 급속도로 변화하는 21세기의 물질 만능과 정보화 사회는 여기에 순응하지 못해 뒤처지는 새로운 약자를 끝없이 생산하고 있습니다.

스트레스가 많은 사회의 흐름 속에 적응하지 못한 어른들은 자신들의 열등의식과 분노를 힘없는 아이들에게 퍼붓고 있습니다. 그렇다고 이런 모든 어른들이 아이를 학대하고 있는 것은 아닙니다. 이 가운데도 성숙한 부모의 모습을 보여 주고 있는 사람도 있습니다.

아기 원숭이를 대상으로 한 어떤 발달심리학자의 실험은 '부모다운 행위'는 선천적인 것이 아니라, 세상에 태어난 후 어릴 때부터 부모에게 얼마나 충분히 사랑을 받고, 자신의 욕구가 충족되었는가에 의해 학습된다는 것을 이야기해 주고 있습니다.

이 연구에서 보면 부모의 보호를 받지 못한 아기 원숭이는 성장 후에 자신의 새끼를 거부하거나 잘 보살피지 못하는 모습을 발견할 수 있습니다. 인간의 경우도 부모로부터 거부당하거나 사랑받지 못한 아이들은 성인이 되었을 때 부모다운 모습을 보여 주기 어렵습니다. 이들은 어릴 때 정서적인 만족이나 부모에 대한 믿음을 경험하지 못했기 때문에 항상 자신감이 없으며 만성적인 애정결핍증에 시달리게 됩니다. 따라서 현재 부모 자신과 자녀와의 관계는 어렸을 때의 자신과 부모와의 관계에서 경험했던 내용을 그대로 반복하게 되는 경우가 적지 않습니다.

실제 자식을 학대하는 부모들의 절반 이상은 그들도 어릴 때 부모로부터 학대받은 쓰라린 경험을 가지고 있다는 통계 결과가 발표된 적이 있습니다. 이 사실은 '학대'라는 것이 하나의 연결고리처럼 세대간을 넘어서 반복되는 악순환의 현상이라는 것을 보여줍니다. 이렇게 보면 어릴 때 부모로부터 애정을 받지 못하고 자라고 있는 아이들은 '학대를 향한 준비 상태'에 있다고도 볼 수 있습니다.

세계적인 발레리나 패트리셔 비셀도 유년 시절에 부모의 폭력을 겪으면서 성장했습니다. 그녀는 나중에 성장하여 인생에 어두운 상처를 입힌 아동 학대의 비극을 이렇게 고백하고 있습니다.

> 나의 유년기는 공포 그 자체였다. 아버지는 거의 매일 면도칼을 가는 혁대로 나를 구타했다. 가장 겁나는 것 중의 하나는 아버지가 나를 번쩍 쳐들어 자기의 양 어깨 위에 꼼짝도 할 수 없게 얹어 놓고는 춤추는 듯 방안을 빙빙 돌다가 현관 밖으로 걸어가 문 위의 벽에다 나의 머리를 꽝하고 들이받는 것이었다. 여섯 살쯤 되었을 때 아버지는 나를 침대로 끌고 갔다. 강간 말고도 나의 유년기 생활에서 지울 수 없는 부분이었던 갖가지 성행위는 말로 다 표현할 수 없을 정도였다.

1947년 결혼 당시의 그녀 생각으로는 유년기의 치욕을 부부간의 사랑으로 극복할 수 있을 것으로 믿었습니다. 그러나 유전병만큼이나 파괴적이고 끔직한 폭력에 감염되어 있다는 사실을 그녀는 전혀 모르고 있었습니다.

처음부터 자기 아이를 난폭하게 다루었고 미친 듯이 매질할 때면 그녀가 겪었던 유년기의 여러 학대 장면을 떠올리면서 더욱 세차게 매를 휘둘렀다고 회고하고 있습니다.

아동 학대에 관한 상담이나 연구를 하고 있는 전문가들에 따르면 아동학대자의 3분의 1은 유년기에 학대받은 경험이 있는 부모들이라고 합니다.

폭력은 또 다른 새로운 폭력을 낳는다는 말이 있습니다. 한 초등학생 소녀가 학대하는 부모에게 보복하기 위해 독살하려고 했다는 이야기, 자신과는 전혀 관련이 없는 노인 부부를 자신을 괴롭혔던 증오하고 싶은 얼굴을 떠올리면서 한두 번도 아니고 수십 번을 칼로 찔렀다는 한 소년의 이야기, 이런 외국 사례를 접하면서 우리나라도 결코 예외일 수 없다는 생각을 합니다. 우리나라 청소년들의 학교 폭력이나 강도, 강간, 살인 사건 등의 배후에도 학대의 그림자가 깔려 있는 경우가 드물지 않습니다.

폭력을 휘두르는 부모의 모습을 보면서 자란 아이들은 성인이 되었을 때, 어느덧 부모와 같이 약자를 괴롭히는 사람이 되어 버린 자신의 모습을 발견하고는 놀라워 한다고 합니다. 학대를 생산하고도 이에 대해 방관하거나 무관심으로 일관하는 우리 사회는 언젠가는 그 대가를 혹독하게 치러야 할 것임을 깨달아야 합니다.

그렇다면 아동 학대를 유발시키는 직접적인 계기나 원인은 과연 무엇일까요?

학대 행위의 대부분은 가정이라는 밀실에서 돌발적으로 일어나고 있습니다. 폭력이 발생하기 전에 가정은 극도의 긴장감이 팽배하는 폭풍 전야와 같은 상황이 전개되면서 부모는 그 스트레스에 못 이겨 평상심을 잃게 됩니다.

극도의 경제적 어려움에 처해 있는 가정이나 불량한 거주 환경, 전직(轉職), 실직, 부부간의 불화, 별거, 이혼, 결손 가정, 양자 관계 등의 악조건이 겹쳐 있는 경우가 많습니다. 여기에다 이웃으로부터 외면을 당하거나 친척이나 친구와의 유대 관계도 거의 없고, 마땅히 도움을 받거나 상담할 만한 사람도 없는 상태, 무언가 궁지에 몰린 듯한 기분에서 헤어 나오지 못하고 있는 심리적 고립 상태의 경우도 많습니다. 이런 긴장 상태가 아무런 책임도 힘도 없는 아이에게로 폭발합니다.

학대에 의한 상해나 사망의 경우에 가해자는 처벌을 받게 됩니다. 그러나 자신은 학대와는 직접적인 관련이 없다고 하더라도 부모들은 그 문제로부터 결코 자유로울 수가 없습니다. 정신적 장애를 앓고 있는 아내를 버리고 사라져 버린 남편, 미혼모를 만든 남자, 이혼한 아내에게 자녀의 양육비를 보내 주지 않는 남자, 신경증이나 우울증에 시달리고 있는 아내를 돌보지 않는 남편, 계부의 학대를 은근히 묵인하는 엄마, 어린 아기를 남편에게 맡기고 밖으로만 돌아다니는 엄마의 책임은 누구에게 묻습니까?

아동 학대의 문제는 직, 간접적으로 부모 모두에게 책임이 있다고 할 수 있습니다. 물론 이런 가정을 외면하고 배려하거나 도와주지 않는 우리 사회도 책임을 면할 수 없습니다. 우리 사회는 이런 열악한 가정에 대한 사회적 지원 시스템이 전무하다고 할 수 있습니다.

사실 모성애(母性愛)라고 하는 것은 여성이 생물학적으로 자녀를 생산하면서부터 자동적으로 갖게 되는 감정은 결코 아닙니다. 모성애 신화의 노예가 되어 있는 우리 사회는 자녀를 사랑하지 않는 부모를 정신병자처럼 인식하면서 돌을 던지고 있습니다.

하지만 어머니도 어머니이기 이전에 한 여성이며, 한 인간으로서의 삶이 있으며, 감정이 있으며 자기 세계가 있습니다. 그리고 자신이 살아온 여정 속에서 경험한 세계에 의해 자신의 모습이 만들어졌습니다.

모성애라고 하는 감정은 본능이 아니라, 어머니 자신의 어릴 때의 경험, 어릴 때의 부모 모습, 자녀의 임신, 출산, 신생아기, 영아기 등의 성장 과정 속에서 자녀와의 밀접한 상호 작용, 안정된 부부 관계, 부모를 지원하는 주변적 상황 등의 영향을 받으면서 점차적으로 형성되어 가는 것입니다.

특히 오늘날처럼 조부모의 육아지원을 받기 어려운 핵가족의 형태가 일반화되고, 이웃과의 교류가 거의 없는 시대에 살아가는 우리 부모들은 고립과 육아불안을 느끼면서 육아에 대한 무력감과 두려움으로 살아가고 있습니다.

모성은 결코 여성이라는 인간 존재감으로부터 분리할 수 없을 것입니다. 생존 위협을 느끼는 극한 상황에서는 자녀보다 자신을 선택하는 행위를 하기도 합니다. 이런 현상은 생존을 위한 인간의 본능적 행위인 것입니다. 그러나 자녀와 많은 시간을 보내면서 함께 놀기도 하고 서로 간에 충분한 애정을 경험한 부모라면 모(부)성애가 깊어지면서 자녀에 대한 부모의 희생적이고 헌신적인 사랑을 발견할 수 있습니다.

영화 「크레이머 대 크레이머」에서 볼 수 있듯이 아이와 신나게 열심히 놀고 지속적으로 상호 작용을 경험하게 되면 아이에 대한 보호자로서의 애정이 자연스럽게 생성됩니다.

TV나 신문지상에서 가끔 볼 수 있는 아동 학대에 관한 보도가 단지 무료한 시간에 잠시 볼거리를 제공하는 정도로만 인식하고 넘어간다든지, “세상에 어쩜 저렇게 흉악하고 정신병자 같은 부모들이 있을 수 있을까!”라고 하며 마치 자신과는 전혀 상관없는 다른 세상의 이야기인 양 생각하는 어른들이 너무 많은 것 같습니다.

자신은 이런 문제와는 전혀 상관이 없고, 아동 학대라는 문제는 가족의 병리적 현상이거나 가해자 개인의 병적인 문제에 의해 일어나는 현상이라고 생각하는 부모들이 의외로 많은 것 같습니다.

하지만 해체된 가족이든 결손 가정이든, 도시 속에서의 핵가족 시대에는 자신과는 결코 상관이 없는 이야기로만 넘길 수 없는 현상들이 우리 주위에서 일어나고 있습니다.

사고나 사건, 질병, 가출, 실직, 회사의 부도 등으로 인한 가족 해체의 위험성은 어느 가정에도 일어날 수 있습니다. 이런 의미에서 볼 때 어느 가정이라도 학대 가능성을 잠재적으로 안고 있다고 보는 것이 타당할 것입니다.

또한 부모 모두 있는 가정의 경우에도 부부간의 불화로 인해 아기가 방임되거나 긴장된 가정 분위기로 인해 아이가 심리적으로 공포나 불안감을 느끼는 경우도 적지 않게 보고되고 있습니다.

자녀에 대한 심리적 학대의 가능성을 부모가 자기 진단할 수 있는 간단한 검사 도구를 소개하고자 합니다. 다음 5가지 질문 가운데 본인은 몇 개가 해당되는지 체크를 한번 해보시기 바랍니다.

- 자녀에게 항상 화를 내고 있지는 않습니까?
- 자녀를 종종 부끄럽게 느낀 적은 없습니까?
- 자기가 싫어하는 성격이 자녀에게도 있다고 생각되지는 않습니까?
- 항상 다른 아이와 비교하면서 자녀의 부족한 부분만을 보고 있지 않습니까?
- 자녀가 다른 사람에게 칭찬을 들어도 무관심하지는 않습니까?

심리적 학대에는 자녀를 무시하거나 거부하거나 악담이나 위협, 협박 등의 행위도 포함됩니다. 이런 행위들은 우리들이 상상하는 이상으로 자신의 존재감을 파괴합니다.

평범한 부모들이 별 생각 없이 내뱉는 '바보', '게으름뱅이' 등의 말도 아이에게는 마음에 큰 상처가 됩니다.

지금 어른들의 눈에 보이지는 않지만, 그 잠재적 영향력의 위험성은 성장하는 아이들의 성격과 그 행동 변화를 보면 얼마든지 통감할 수 있습니다.

물론 부모도 인간이고 순간순간의 감정을 억제하기 힘들기 때문에 화를 내거나 자녀의 인격을 무시하는 말을 하기도 합니다. 이러한 것도 심리적 학대에 해당되는 행위들이지만, 여기서 문제 삼고 있는 것은 이런 행위들이 일상적으로 행해지고 있는 것을 우려하고 있습니다. 일상적으로 행해지고 있다면 그것은 아동 학대에 해당된다고 하는 것입니다.

아이에게 심하게 꾸중이나 체벌을 하고 나서 "오늘은 내가 비이성적으로 아이를 대했구나, 내 마음이 괴롭구나, 다음부턴 그러지 말아야지." 하는 부모의 모습은 정상적이며, 여기서는 이것을 학대라고 말하지 않습니다.

유츄프라 카치아

'유츄프라 카치아'라는 한 식물이 있습니다.

이 식물은 결벽증이 강한 식물로 누군가 혹은 지나가는 생물체가 조금이라도 몸체를 건드리면 그날로부터 시름시름 앓아 결국엔 죽고 만다는 식물입니다.

그래서 결벽증이 강해 누구도 접근하기를 원하지 않는 것으로만 알았습니다.

이 식물을 연구한 박사가 있었는데 이 식물에 대해 몇십 년을 연구하고 또 그만큼 시들어 죽게 만들었지만, 연구 끝에 매우 귀중한 사실을 알게 되었습니다.

그것은 이 식물은 어제 건드렸던 그 사람이 내일도 모레도 계속해서 건드려 주면 죽지 않는다는 사실입니다.

한없이 결백하다고 생각되었던 이 식물은 어쩌면 너무나 사랑받고 싶어 하는 식물이었는지도 모릅니다.

아이들도 '유츄프라 카치아'와 같아서 이따금씩 주는 사랑이 아니라 변치 않는 지속적인 애정과 관심을 받고 싶어 합니다.

순간순간의 기분에 좌우되는 관심이나 사랑이 아니라, 어른의 지속적인 관심과 애정만이 아이의 마음을 행복하게 할 수 있습니다.

존재 이유를 상실한 학교의 실상

15살의 중학생 박모 군은 훌륭한 기술자가 되는 것이 꿈이었습니다. 그러나 그는 인문계 고교에 진학해야 한다는 강박 관념과 내신제로 바뀐 고교 입시에 대한 중압감에 꿈을 접어야만 했습니다. 그는 중학교 개학일 오후 자신이 살고 있는 아파트 앞 콘크리트 바닥에 떨어져 숨져 있는 상태로 발견되었습니다. 아버지는 모 기업체의 사장, 어머니는 약사인 부유한 가정의 장남인 박 군이었습니다. 그가 미니 노트 3장에 남긴 유서에는 새로운 입시 환경으로 고민했던 흔적이 곳곳에 배어 있었습니다.

> 못난 아들이라고 하기에도 수치스러운 ○○가 먼저 세상을 뜨게 되었습니다. 내신제로 바뀌면서 60%만 인문계에 가게 되어 다음 시험에

서 아무리 노력해도 갈 수 있다는 보증이 없어서입니다.
제 꿈은 기술자였어요. 자격증도 많이 따서 훌륭한 기술자가 되었으면 했는데…. 제가 인문계에 가지 못하면 주위의 시선이 창피하실 겁니다. 저 때문에 받는 스트레스도 말로 표현할 수 없을 것입니다.
… 다시 태어나면 공부 잘하는 사람이 되겠습니다.

많은 아이들이 점수 위주의 학교 분위기에 절망감을 느끼고 있습니다. 이런 학교를 만 6세가 되면 싫든 좋든 관계없이 누구나 학교의 문을 두드리게 되고 인생에서 결코 짧다고 할 수 없는 학교생활을 시작하게 됩니다. 고등학교까지라도 12년간이나 되는 긴 학교생활을 경험하게 됩니다.

이제 이런 학교는 어느 누구도 거부하거나 부정할 수 없을 정도로 우리 사회에 부동의 위치를 차지하고 있습니다. 마치 각양의 조그마한 꽃들이 제 나름대로 피다가 사라지는 정원 한가운데에서 변함없이 자리 잡고 있는 거목 같은 존재로 우리 곁에 있습니다. 그럼에도 이제까지 우리들은 그 존재 자체의 의미에 대해서는 의외로 생각해 볼 기회를 갖지 못했습니다. 당연히 있어야만 하고, 당연히 다녀야만 하는 곳으로 생각하고 있을 뿐입니다.

결론부터 이야기하자면 불행하게도 오늘날 학교는 그 존재 의의를 점점 상실해 가고 있다고 할 수 있습니다. '학교'라는 존재와 체제 때문에 적지 않은 아이들이 정체감 상실과 열등의식의 굴레에서 헤어 나오지 못하고 괴로운 나날을 보내고 있습니다.

자신을 인생의 낙오자로 비하하면서 아예 비행의 길로 접어들거나, 아니면 정신 질환에 이르는 심각한 후유증으로 고생하기도 합니다. 일부의 학생들은 이런 불안이나 고통으로부터 도피하기 위해 마약이나 본드에 손을 대거나 자살이라는 극단적 선택을 하는 경우도 있습니다.

사실 매년 입시 시즌이 되면 거의 연례적으로 신문 사회면에 보도되는 수험생들의 자살 사건은 우리를 우울하게 만들고 있습니다. 비단 입시 시즌이 아니더라도 공부에 대한 중압감에 못 이겨 자살이라는 최후의 수단을 선택하는 경우도 적지 않습니다.

장래가 촉망되고 소위 수재들의 집단이라 불리는 한국과학기술원(KAIST) 학생들이 학업 부진 등 과중한 중압감에 못 이겨 1년 사이에 5명이나 스스로 목숨을 끊는 충격적인 사건이 과거 신문지상에 보도된 적이 있습니다. 한국과학기술원생들의 70% 이상은 과학고 출신으로 이들 중 절반 이상은 고교를 2년 만에 졸업하고 조기 입학한 영재들이라고 합니다.

“96년의 새로운 봄을 맞은 뒤 우리는 벌써 세 명의 벗들이 주검이 되어 우리 곁을 떠나는 모습을 보게 되었습니다. … 또 다른 죽음이 발생하지 않을까 하는 마음에 조마조마하기 그지없습니다.”라고 과기원생들은 벗들의 주검 앞에 자신들의 비통함과 두려움을 억누르지 못하고 있는 것을 볼 수 있었습니다. 이들은 24시간 불을 밝히는 연구실로 표상화된 과기원의 모습 이면에 길게 드리워진 어두운 그림자를 이제 걷어내야 할 때라고 호소하고 있습니다.

또한 우리를 놀라게 하는 것은 이러한 일이 초등학생에게도 예외가 아니라는 것입니다. 초등학교 6학년인 전모 군은 "공부는 누가 만든 것인가. 우리는 왜 공부만 하고 살아야 할까. 엄마를 실망시키지 않으려 했는데 이렇게 죽는 게 원망스럽다."는 내용의 유서 한 장을 남기고 저 세상으로 가버렸습니다. 1등 지상주의는 꽃망울을 채 터뜨리지도 못한 여리고 어린 우리 아이들까지도 주검의 길로 내몰고 있습니다. 이제 학업 부진으로 정신적 고통을 당하는 아이들의 모습은 주위에서 흔히 볼 수 있는 현상이 되어 버렸습니다.

누가 이런 사회를 만들었습니까?

누구의 책임입니까?

아이의 적성이나 능력을 도외시하는 부모의 욕심 때문입니까?

아니면 교육의 본질에는 관심이 없고, 경쟁이나 진학지상주의로 내몰고 있는 교사의 비교육적 태도 때문입니까?

아니면 입시라고 하는 험난한 인생의 과정을 극복하지 못하는 학생의 나약함 때문입니까?

사실, 이 문제는 그 어느 누구에게 전적으로 그 책임을 물을 수 없다고 생각합니다.

부모의 마음도, 선생님의 태도도, 아이의 행동도 어느 정도 이해할 수 있다고 생각합니다.

부모들은 자기 자녀가 남들만큼 대우 받고 보다 풍요로운 생활을 할 수 있도록 해주려면 좋은 대학에 보내야 한다는 생각을 합니다. '학벌지상주의'라는 우리 사회의 그릇된 풍토가 있으며, 이 때문에 부모는 자녀에게 이런저런 요구나 욕심을 부리게 된다고 생각합니다.

선생님은 자신의 아동관이나 교육관보다는 부모의 기대나 욕구를 무시할 수 없으며, 또한 학생의 학습 능력이라는 잣대로 교사의 능력을 평가하는 사회의 그릇된 현실 속에서 어쩔 수 없이 동조자가 되어 버린 선생님들의 모습도 우리는 이해할 수 있습니다.

이런 부모나 선생님의 가르침이나 지도에 최대한 순응하면서 사랑받고 싶어 하는 아이의 순수한 마음도 우리는 얼마든지 이해할 수 있습니다.

그렇기 때문에 이에 대한 책임은 어느 한 부류의 사람들에게 있다고 하기보다는 우리 사회의 그릇된 구조, 즉 '학력 사회'라고 하는 병리적인 사회 구조에 있다고 할 수 있습니다. 평화연구자인 갈토링은 이런 사회 구조를 '구조적 폭력'이라고 표현하기도 하고, 어떤 이는 이것을 '교육의 폭력'이라고 부르고 있습니다.

'구조적 폭력'이란 특정의 한 개인이 다른 개인에게 폭력을 휘두른다는 것을 의미하고 있지 않습니다. 예를 들면, 후진국의 영아 사망률이 높은 것은 그 책임이 어느 개인에게 있는 것이 아니라, 남북문제, 즉 선진국과 후진국의 경제력 차이, 또는 그 나라의 내부적 빈부 격차의 구조가 만들어 낸 결과라는 논리입니다.

그렇다고 이런 논리로 우리 사회의 모든 문제를 합리화할 수 있다거나, 아이들에 대한 우리 어른들의 책임에 대해 면죄부를 받을 수 있는 것은 아닙니다. 왜냐하면 의식적이든 무의식적이든 우리 사회의 구조를 만들고, 지탱해 온 사람들은 바로 어른들이기 때문입니다.

어른들은 이 책임으로부터 결코 자유로울 수 없습니다. 그러므로 이제 어른들은 더 이상 우리 아이들이 '교육의 구조적 폭력'의 희생자가 되지 않도록 한국 교육의 문제를 직시하면서 아이들이 '지금, 여기에서'의 행복을 충분히 느낄 수 있도록 최대한 도와주어야 할 것입니다.

'교육의 구조적 폭력'이라는 실체를 규명한다는 것은 쉬운 일이 아닙니다만, '학교' 체제가 그 중심적인 역할을 한다는 사실에 대한 이해는 그리 어렵지 않을 것입니다.

현대사회에서는 누구나 교육을 받아야 하고, 교육을 받으려면 학교를 다녀야만 합니다. 교육의 역사를 보면 처음에는 부모의 자식에 대한 가르침이라는 기본적 이념에 근거한 사교육의 형태에서 출발하였습니다. 이것이 산업혁명과 함께 국민국가 형성이라는 역사적 배경 속에서 국가 권력의 힘이 점차 교육계에도 침투하게 되고, 따라서 19세기 후반부터 20세기 초에 이르러 공교육 제도라는 틀 속으로 묶이게 되었던 것입니다.

이 공교육 제도가 '학교'라는 체계적이고 조직적인 교육기관을 등장시키게 되자, 교육의 개념이 자녀에 대한 양육 개념에서 사회생활에 필요한 지식, 기술, 기능의 습득으로 전환되면서 사교육은 영락없이 사양의 길로 접어들게 됩니다.

그래서 오늘날 자녀에 대한 부모의 교육은 점차 그 힘을 잃어 가고 있는 실정입니다. 가정교육은 기껏해야 기본적인 생활 습관의 형성 정도로 역할을 유지하고 있을 따름이고, 대부분의 교육은 학교를 주체로 한 공교육에 맡겨져 있습니다.

이 때문에 현대사회는 '교육받는 것'과 '학교에 다니는 것'을 거의 동일한 개념으로 이해하고 있습니다. 만 6세가 되면 누구나 예외없이 학교를 다녀야만 하고, 사회에 나와서도 교육을 받고 싶으면 다시 학교를 다닐 수가 있습니다.

의무교육의 강화, 대학 진학률의 급격한 증가, 평생교육의 열기, 학교 번영의 열기는 식을 줄을 모르는 것 같습니다. 학교에 다니고 있는 아이들, 여기에 근무하는 교사들, 그리고 이들의 형제와 부모를 생각하면 우리는 모두가 학교 교육에 직·간접으로 관계하고 있다고 해도 지나치지 않을 것입니다. 한 마디로 현대국가는 '학교 국가', '학교 대국'이라고 해도 결코 지나친 표현은 아닐 것입니다.

물론 의무교육의 연한을 넘기기만 하면 법률적 차원에서는 교육의 강제성에서는 해방되지만, 만일 이후 상급 학교에 진학하지 않고 독학이라는 외길을 선택하거나 사회생활에만 전념한다고 하면 여러 가지 사회적 편견과 난관을 각오해야만 하고, 또한 열심히 산다고 하지만 사회적으로 정당한 평가를 받기도 어렵습니다.

그러나 우리 사회는 어떻게 해서든 '학교'를 졸업하게 되면 그 사람은 교육받은 자로서 대우받으면서 졸업한 학교의 권위에 상응하는 특권을 인정받게 됩니다.

'무엇을 배웠는가'의 문제가 아니라, '어느 학교를 나왔는가'라는 문제가 그 사람 교육의 정도와 능력을 평가하는 잣대로 쓰이고 있습니다.

하지만 학력이나 학교 성적을 그 사람의 능력을 가늠하고, 성공적 삶을 예측하는 잣대로 삼는 데는 문제가 있다고 생각합니다.

유명한 조각가인 로댕은 학교에서 성적이 가장 나쁜 학생이었습니다. 그의 아버지는 "왜 하필 네가 우리 집에 태어났느냐!"고 가슴을 쳤다고 합니다.

아인슈타인의 어린 시절은 더욱 비극적이었습니다. 그의 초등학교 생활기록부에는 "우둔하고 비사교적이다. 영원한 몽상가로서 방황을 계속할 것이다."라고 적혀 있다고 합니다.

발명왕 에디슨도 '혼란스런 아이'라는 오명을 쓰고 13세 때 퇴학을 당하고 말았습니다.

미국 NBC 방송의 명 앵커인 톰 브로크는 「뉴욕타임스」에 기고한 칼럼에서 자신의 대학 시절을 이렇게 털어놓았습니다. 2학년 때까지 성적이 아주 나빠 학교 측으로부터 휴학하고 다른 길을 찾아보라는 요구를 받았다는 것입니다. 그래서 실제로 한 학기를 휴학하고 공사판 등을 전전했다고 합니다.

미국의 가장 위대한 대통령 중에 한 사람으로 꼽히는 프랭클린 루스벨트는 대학 시절 평균 학점이 C였고, 해리 트루먼 전 대통령은 대학 근처에도 가지 않았으며, 로널드 레이건 전 대통령은 무명의 유레카 대학을 나왔습니다.

'탈(脫) 학교론' 즉, 학교폐지론을 주장하는 학자들은 이제 학교가 '교육의 공급처'가 아니라, 오히려 '교육을 파괴하는 원흉'이라는 시각으로 보고 있습니다.

탈학교론의 대표 주자격인 미국의 교육학자 일리치는 "'학교'가 '목적을 실현하는 과정'과 '목적' 그 자체를 혼동시키고 있다. 학교화가 되어버린 사회에서는 '가르침을 받는 것'과 '배우는 것'이 뒤바뀌어서 '교육받았다는 것은 학교를 졸업하는 것이다', '능력이 있다는 것은 자격증을 가지고 있는 것이다'는 논리와 같은 것으로 이해되고 있다."고 탄식했습니다.

사실 직업 시장에서 어떤 지위를 차지할 수 있는가에 관한 것은 얼마나 오랫동안 학교를 다녔는가에 의해 결정되는 경우가 많습니다. 그러나 학습의 대부분이 학교 교육의 결과라는 생각은 근거 없는 환상에 불과합니다.

대개의 사람들은 학교 밖에서도 많은 지식을 습득하고 있지만, 이런 지식의 전부를 학교에서 획득했다고 착각하는 것은 단지 자신의 생애에 있어 많은 시간이 학교에 구속되어 있었기 때문에 그렇게 보고 있는 것입니다.

요즘 학교의 모습을 보면 더욱 실감을 할 수 있습니다. 학교가 이전부터 지식의 공급처로 전락하면서도 그 나름대로 존재 의의를 인정받고 있었지만, 그나마 마지막 보루였던 그 기능마저 잃게 되면서 학교의 존재 이유에 대해서 회의를 느끼는 사람들이 생기기 시작했습니다. 대학 진학에 필요한 지식의 공급처가 이제 학교에서 학원으로 옮겨지면서 학생들도 왜 자신이 학교에 가야 하는지 하나 둘씩 의문을 갖기 시작했습니다.

학생들이 이미 알고 있는 지식을 가르치고 있는 선생님들의 목소리에는 힘이 빠져 있고, 학생들의 눈동자는 멍하게 다른 곳을 응시하고 있거나 따분함을 달래기 위해 만화책을 보거나 아니면 엎드려 잠을 자는 수업 붕괴의 현상은 이제 전혀 어색하지 않은 일상화된 광경입니다. 학교 붕괴의 소리가 여기저기에서 들려오고 있습니다.

서울의 모 인문계 고등학교 3학년의 1교시에 국어 선생님의 강의가 한참 진행 중에 '삐리리' 하는 휴대전화의 벨소리가 순간 울렸다. 교사의 강의가 끊어지고 교실은 이내 웃음바다가 되었다. 그런데 휴대전화의 주인공은 맨 앞줄에 앉아 졸고 있던 학생이었는데 그는 곤한 잠에 빠져 휴대전화가 울리는 것을 모르고 있었다. 그는 교사가 다가가 고개를 흔들어 깨우고서야 화들짝 놀라 휴대전화를 껐다.

붕괴되어 가고 있는 공교육의 실상을 이런 신문 기사를 보지 않더라도 우리 주위의 학생들의 이야기를 들어 보면 얼마든지 실감할 수 있습니다. 이처럼 매시간 졸거나 자는 학생은 4분의 1가량이나 되며, 깨어 있는 학생들이라고 해도 강의 내용에 귀를 기울이는 학생은 별로 없고 책상 위에는 수업과 관계없는 학원 교재나 잡지, 만화책을 보고 있는 수업 붕괴 현상은 어느 학교에서나 흔히 볼 수 있는 시대가 되어 버렸습니다.

일리치는 모든 악의 근원인 학교를 없애고, 아이들을 괴롭혀 온 '학교 교육'의 종말을 고해야 한다고 하면서, '탈학교론'이야말로 인간 해방의 토대라고 주장하기도 했습니다.

생명을 잃어버린 우리 학교의 교육 현실을 보면 이런 일리치의 주장에 전적으로 동의하지 않을 수 없습니다.

오늘날 한 인간의 고유 정신을 말살시키고 있는 학교 교육을 생각하면, 그리고 이로 인해 희생당하고 있는 아이들을 생각하면 일리치의 '학교 교육의 사망 선고'에 대한 깊은 공감을 억누를 수 없습니다.

사실 우리는 '진품의 가치를 추구하는 것' 대신에 '제도에 의한 서비스'를 받아들이는 데 너무 익숙해져 있었습니다. 이런 '가치의 제도화'라는 문제, 즉 '제도가 가져다 준 서비스에 대한 의존'의 문제는 교육의 세계뿐만이 아니라, 우리 사회생활 전반에 침투하면서 새로운 빈곤을 만들어 내고 있다고 할 수 있습니다.

제도가 가져다 주는 서비스에 대한 의존도가 높으면 높을수록 학교에 대한 수요는 급증하게 되고, 투자는 더욱 강화될 것입니다. 이런 현실에서 학교라는 존재는 결국 인간이 스스로 학습할 수 있는 용기를 잃어버리게 만들거나 불능 상태로 빠져들게 합니다.

또한 교육 서비스를 제대로 제공받지 못하는 가난한 계층은 더욱더 무능하고 소외된 계층으로 전락하는 폐해가 있습니다. 이러한 현상을 가설이 아닌, 지금 현실에서 생생히 목격하고 있습니다.

결국 '인간의 능력 향상과 성장, 그리고 행복한 삶'이라는 명목하에 만들어진 '학교'라는 체제는 '교육의 구조적 폭력'이라는 새로운 형태의 폭력을 만들어 내면서 우리 인간을 더욱 수동적이고 무능하게 만드는 인간 파괴의 길을 걷고 있습니다.

택시 운전사

영어 회화 시간의 일이었다.

나는 영어 선생님과 익숙하지 않은 영어로 이야기를 나누고 있었다.

그리고 선생님께서 결혼 상대자를 고를 때 가장 중요하게 생각하는 것이 무엇이냐고 물으셨다.

나는 그 사람의 됨됨이, 그리고 사랑이라고 대답했다.

그런데 선생님께서는 그렇다면 만일 상대가 하찮은 직업을 가진, 예를 들면 택시 운전사라도 상관이 없냐고 물으셨다.

나는 상관이 없다고 대답했다.

반 아이들은 웃었고 선생님도 웃으셨다.

그러나 나는 마음속으로 눈물을 참아야만 했다.

왜냐하면 우리 아버지가 택시 운전사이시니까 … 남들의 생각이 어떻든지 나는 아버지의 직업에 대해서 한 번도 부끄럽게 생각한 적이 없었다.

내가 어렸을 때 우연히 TV에서 한 아이가 "우리 아빠는 머리가 좋으셔서 서울 지리를 다 알고 계세요. 그래서 우리 아빠는 택시 운전을 하세요."라고 말하는 것을 듣게 되었다.

나는 어린 아이의 순수한 마음에 감동했다.

그리고 그 아이의 말이 머릿속에 지워지지 않고 자리 잡게 되었다.

그 뒤로 나는 아버지의 직업에 대해서 절대로 부끄럽게 생각하지 않는다.

다만 부모님께서 우리들에게 더 좋은 것을 해주지 못하시는 것에 대해 마음 아파하시지 않으셨으면 하고 바랄 뿐이다.

나는 그 누구보다도 우리 부모님을 사랑하기 때문이다.

필자는 '심리학개론' 수업에서 '나는 누구인가?'라는 주제의 과제물을 제출하도록 하고 있습니다. 타인에 대한 이해는 자신에 대한 이해에서부터 출발하기 때문에 심리학 수업에서는 거의 이런 과제물을 내고 있습니다만, 이 글은 한 학생이 제출한 과제물에 실려 있는 내용의 일부입니다.

어떤 일이든지 소중히 여기고 존중하는 마음을 갖도록 하는 것, 교사의 가르침이 되어야 할 것입니다.

아이들의 자유를 박탈하는 꾸중과 체벌

유학을 마치고 돌아온 지 얼마 되지 않아 작은애의 감기 때문에 소아과를 간 적이 있습니다. 병원 안은 시골장터와 다를 바 없었습니다. 몸이 아픈 아이들이라 가만히 있을 리가 없었습니다. 우는 소리, 칭얼거리는 소리, 기침 소리 너무 소란스럽고 시끄러웠습니다.

이런 와중에 한 아주머니가 "저 아저씨 이놈 해! 뚝 그쳐!"라고 하며 울어대는 자기 아이에게 타이르고 있었습니다. 그 소리에 난 거의 반사적으로 주위를 둘러보았지만 아저씨는 나밖에 없다는 것을 알았습니다. 순간 기분이 불쾌했습니다. 가만히 있는 내가 일순간에 아이에게 "이놈!"하는 아저씨로 변한 것입니다.

당시 아이의 행동지도에 대한 나름대로의 이론과 신념을 갖고 있었던 나로서는 나를 이용한 그 아주머니의 일방적 이야기에 기분이

몹시 언짢았습니다. 아주머니에게 "아주머니 저는 이놈 하지 않습니다."라고 이야기해 주고 싶을 정도로.

우리는 일상생활에서 꾸중이나 체벌을 아이의 그릇된 행동 지도법으로 흔히 사용하고 있습니다. 꾸중이나 체벌은 어디까지나 '아이를 위해서'라고 하며 어른들은 자신의 행위를 합리화하지만, 그 이면에는 자신의 체면이나 욕심, 이 사회의 틀에 맞추려고 하는 그릇된 아동관이나 교육관에 의한 경우가 많습니다.

만일 이런 지도가 상습화되면 아이는 꾸중이나 체벌이 두려워 부모 말에 복종하는 소위 '착하고 얌전한 아이'가 되겠지만, 아이의 '자발성의 발달'은 이후 정지되어 버립니다. 이로 인해 성숙하고 왕성한 자발성이 요구되는 사춘기 이후에 이르게 되면 감당하기 힘든 정신적 고통을 경험하기도 합니다.

눈물이 찔끔 나도록 호되게 혼내 주면 겁을 먹고 다시는 그런 행동을 하지 않겠지만, 자신감이 사라지면서 무엇이든지 주저하고 두려워지는 소심한 아이로 성장할 수도 있습니다.

부모들 중 꾸중하는 방식 가운데 다른 사람을 끌어들이는 경우가 있습니다. 예를 들어 "그렇게 하면 틀림없이 선생님께 꾸중들을 거야! 친구에게 웃음거리가 돼! ○○가 보고 있어!" 등의 표현입니다. 이런 식의 지도는 서양에서는 볼 수 없는 태도입니다.

한마디로 이것은 부모 자신이 아직 자율성이 확립되어 있지 않다는 것을 말해 주고 있는 태도입니다. 이런 식의 지도에 익숙해진 아이들은 독자적인 인격체로 성장하기가 힘들고, 항상 무슨 일을 하든지 타인을 의식하는 심리 구조가 형성될 수가 있습니다.

대체로 아이를 자주 혼내거나 벌을 주는 부모나 교사는 욕심이 많거나 아이에 대한 이해가 부족하거나 아이의 교육을 서두르는 경향이 강한 사람들입니다.

아이의 교육은 결코 서둘러서는 안 됩니다. 어릴 때는 이 시기에만 할 수 있는 경험의 내용을 충분히 하도록 배려해 주는 것이 중요합니다. 어른처럼 너무 예절 바르고 세상을 많이 아는 아이어른으로 만들어서는 안 될 것입니다. 이런 아이는 나중에 커서 박탈당한 어린 시절을 되찾고자 어른아이의 행세를 할지도 모릅니다.

대개 꾸중이나 체벌에는 화를 내는 감정이 동반됩니다. 심지어 일시적으로 미움이나 증오의 감정이 솟구치는 경우도 있습니다. 이때 꾸중이나 체벌을 하는 어른의 표정은 마치 동물이 자기보다 약한 동물을 잡아먹으려고 하는 모습과 흡사합니다.

그래서 어떤 아동교육학자들은 "침착하게 꾸중하라."고 제안하지만 침착한 상태에서는 노여움을 동반한 꾸중은 생성되지 않습니다.

우리 사회는 '사랑의 매'라고 하는 말이 숭고하게 느껴질 정도로 아이에 대한 꾸중이나 체벌이 교육적으로 필요한 것으로 인식하고 있습니다. 하지만 '사랑'이란 어디까지나 이해와 관용이며 체벌이나 꾸중과 같은 행위를 허용하고 있지 않습니다.

어떤 사람은 이렇게 말합니다. 아무리 이야기를 해도 안 되니까.

그러나 아이들의 행위가 나쁘다고 하는 것은 어디까지나 어른의 관점이며 아이의 심신의 발달 과정을 올바르게 이해하지 못한 데서 나오는 판단입니다. 예를 들어, 아이의 '짓궂은 장난'의 경우를 생각해 봅시다. 물론 아이들의 장난으로 인해 부모나 교사가 난처하고 곤란한 상황이 발생할 수도 있습니다.

하지만 아이들의 '장난'은 자신의 탐색 욕구를 표현한 것입니다. 이런 탐색 욕구는 나중에 활동적인 성향을 육성하고 무엇이든지 열심히 알고자 하는 학습 욕구를 자극합니다. 어른들은 아이의 장난을 이해하고 허용해야 할 것입니다.

물론 때로는 정도를 넘어선 '짓궂은 장난'으로 부모나 교사가 당황하거나 곤란한 경우도 생기겠지만 그렇다고 이런 행동을 '나쁜 행동'이라고 몰아붙일 수는 없습니다. '짓궂은 장난'으로 인해 발생되는 곤란한 상황에 대해서는 아이들의 정서적 측면에 호소하면 됩니다. 타인과의 사이에 정서적 관계가 성립되면 아이들은 그 사람의 마음에 대해서 공감하게 되면서 동시에 자기 행동의 통제력도 키워 가게 됩니다.

아이들의 장난을 꾸중이나 체벌을 통해 못하게 하는 어른의 행위는 '폭력'이며, 끊임없이 발달하고 있는 아이에 대한 인권 무시에 해당합니다.

어떤 사람은 아이들의 거짓말은 따끔하게 혼을 내야 하지 않느냐고 말합니다. 하지만 혼을 내기 전에 아이가 왜 거짓말을 하는지에 대해서 생각해 보아야 할 것입니다. 아마 이전에 어른으로부터 심한 꾸중이나 벌을 받은 경험이 있을 것입니다. 그래서 아이들은 꾸중이나 체벌로부터 자신을 방어하기 위해 거짓말을 하게 되는 것입니다. 꾸중이나 벌을 좋아하는 사람은 아무도 없을 것입니다.

아이의 그릇된 행위나 실수에 대해서 꾸중이나 체벌보다는 자신의 행위가 어떻게 잘못되었고 이로 인해 다른 사람이 얼마나 힘들고 곤란한지를 설명한다든지, 난처해하고 부모의 슬퍼하는 표정만으로도 꾸중 이상으로 아이에게 강력한 메시지를 전달할 수 있습니다.

사실, 그릇된 행동을 하는 아이의 지도 방법에는 단지 꾸중이나 체벌만이 있는 것은 아닐 것입니다. 일본의 유명한 영화배우, 시미즈는 중학교 3학년 때 등교거부와 가출을 반복하였습니다.

그러던 중 여관에서 친구와 마리화나까지 피우다가 부모에게 발각되었습니다. 여관방에 들이닥친 아버지를 본 순간, "이제 죽었구나!"라는 생각이 들었다는 것입니다. 그러나 아버지의 반응은 의외였습니다. "집에 가자" 한마디뿐이었습니다. 집으로 돌아가는 차 안에서 엄마는 단지 훌쩍 훌쩍 울고만 있을 뿐, 무거운 침묵만이 흘렀습니다.

아버지의 무거운 침묵에 시미즈의 등줄기에 식은땀이 흘렀습니다. 이후 시미즈는 방황을 끝내고 학교 공부를 시작하였습니다. '침묵'하는 아버지의 모습은 꾸중이나 체벌 이상으로 시미즈의 마음과 행동을 움직였던 것입니다.

함부로 꾸중이나 체벌을 하지 않는 부모나 교사 앞에서는 아이들은 결코 거짓말을 하지 않습니다. 그리고 자신의 있는 그대로의 모습을 숨김없이 보여 주면서 자신의 실수나 잘못을 인정하고 스스로 뉘우칩니다.

'위험한 행동'을 하면 꾸중해야 한다고 생각하는 사람도 많습니다. 그러나 위험한 행동은 부모의 마음을 순간 아찔하게 만들지만 결코 '나쁜 행동'으로 분류할 수 있는 것은 아닙니다. '위험한 행위'는 꾸중보다는 왜 위험한지에 대해서 설명하면 해결될 문제입니다.

꾸중이나 체벌을 하지 않는 부모 밑에서 성장하는 아이들의 마음은 자유롭습니다. '자유'야말로 인간을 가장 행복하게 만들고 모든 일에 의욕적인 사람으로 만듭니다.

꾸중이나 체벌을 하지 않는 부모나 교사는 아이의 건강한 성장을 신뢰하는 마음을 갖고 있는 사람이며, 비록 아이가 실수하더라도 '기다려 주는 대응'을 하게 됩니다. 그러면 언젠가 아이는 어른의 믿음에 대한 보답을 하게 될 것입니다.

아이의 문제 행동은 그 아이의 마음의 상처나 억압된 욕구의 응어리(적신호)이며 이를 대신해서 표현한 것이기 때문에 꾸중이나 벌을 주기보다는 마음의 상처나 응어리의 원인을 파악해서 치료하기 위한 노력을 해야 문제 행동을 근본적으로 개선시킬 수 있습니다.

그렇다면 '아이의 그릇된 행동에 대해서 무관심하란 말인가'라고 반문할지도 모르겠습니다. 그러나 본서는 결코 그런 주장을 하고자 하는 것은 아닙니다. 오히려 무관심은 꾸중이나 체벌보다 아이에겐 더 가혹하며 더 큰 상처를 줄 수 있습니다.

살인과 강도로 사형 선고를 받은 프랑스의 한 청년 이야기가 있습니다. 그는 사형 집행일이 정해지자 법무장관에게 편지를 보내면서 "죽기 전에 아버지를 만나고 싶다."고 탄원서를 냈습니다. 장관은 비록 극악무도한 범죄를 저질러 사형 선고를 받은 인면수심의 인간이지만 최후에는 인간다운 마음을 보여 주는 것 같아 감격했습니다.

이런 사실을 프랑스의 청소년들에게 알려 주면 교육적으로 좋은 영향을 끼치게 될 것이라고 판단하였습니다. 그래서 장관은 면회를 허락하면서 동시에 언론 기관에도 연락을 취하여 아버지와의 만남의 순간을 취재하도록 요청하였던 것입니다.

마침내 철장을 마주하고 아버지와 아들은 만났습니다. 아버지는 두 손을 철장에 갖다 대고 얼굴을 내밀고는 "아들아!"라고 불렀습니다. 그러자 청년은 갑자기 아버지의 코를 물어뜯고는 이렇게 외쳤습니다.

"어이, 아버지. 내가 초등학교 시절 물건을 훔쳤을 때 아무 이야기도 하지 않았잖아. 그 이후에도 강도짓을 하고 다녀도 넌 아무 이야기도 해주지 않았어. 내가 사람을 죽이고 이렇게 사형을 받게 된 것은 너 때문이야. 이게 너에 대한 나의 최후의 복수야."

이것은 자기에 대한 아버지의 무관심에 분노하고 있는 한 청년의 울부짖음이었다고 생각합니다. 어떻게 보면 이 청년이 초등학교 시절에 했던 도적질은 부모의 관심을 끌기 위한 몸부림이었는지도 모릅니다. 그러나 아버지의 무관심은 그를 더욱 실망시켰고 다시는 돌아올 수 없는 길을 가게 만든 것입니다. 무관심은 아동에게 꾸중이나 체벌보다 더 가혹한 벌입니다.

만일 교육상 아이에게 꾸중이나 체벌이 필요하다고 굳이 판단한다면 시간을 두고 생각하면서 최대한 감정이 억제된 상태에서 해야 할 것입니다. 그리고 반드시 아이의 좋은 면에 대해서는 칭찬이 따라야 할 것입니다.

어릴 때 부모의 따끔한 꾸중, 또는 체벌이 나중에 큰 약이 되었다고 말하는 사람이 있습니다. 하지만 당시의 일을 곰곰이 생각해 본다면 단지 그것만 있었던 것은 아니었을 것입니다. 그 이후 부모의 부드러움과 따듯함을 경험했을 것입니다. 만일 부모의 따듯함과 부드러움이 없이 질책만 있었다면 큰 약이 아니라, 독으로 작용했을 것입니다.

또한 꾸중이나 체벌은 어디까지나 '징계의 수단'이 아니라, 자신의 잘못된 행동을 반성하도록 하는 수단으로 사용되어야 할 것입니다. 그러려면 '꾸중이나 체벌을 어떻게 하면 좋은가'라는 방법론적 문제는 그렇게 중요하지 않습니다. 누구로부터 질책을 받았는가가 중요해집니다.

이것은 아이와의 관계성의 문제이며, 평소 이해와 신뢰, 존경이라고 하는 관계가 형성된 어른으로부터의 질책 앞에 아이는 겸허하게 자신의 모습을 돌아보게 될 것입니다.

신뢰할 수 없고 애정을 느낄 수 없는 어른으로부터의 꾸중이나 체벌은 오히려 역효과만 있을 뿐입니다. 그러므로 아이를 혼내기 전에 먼저 아이에게 자신은 어떤 존재인지를 생각해 보아야 할 것입니다.

할아버지의 미소

우리 할아버지는 마음이 매우 곱습니다.

화내시는 것을 본 적이 없습니다.

할아버지는 성을 내시고 있는지는 모르지만 결코 얼굴에 나타내지는 않습니다.

할아버지의 눈은 축 처져 있지만 항상 싱글벙글 웃고 있습니다.

마치 성나는 일이나 슬픈 일이 전혀 없는 것처럼 보입니다.

인간이기 때문에 성나는 일이 조금이라도 있을 거라고 생각됩니다만, 왜 화를 내지 않는 걸까요?

나는 어릴 적에 할아버지의 방문을 발로 차서 부순 적이 있습니다.

할아버지는 부서진 유리는 쳐다보지도 않으시고 "다치지 않았니? 어디 아프지 않니?"라고 물었습니다.

틀림없이 꾸중하실 거라고 생각했는데 너무나 의외의 말을 하셨기 때문에 당황했고 놀랐습니다.

한편으로 너무 기쁘기도 했습니다.

할아버지도 할머니도 매일 바쁘게 일하고 계시기 때문에 유리가 깨어지면 유리가게 사람을 불러야 하고 청소도 해야 하고 할 일이 많았습니다.

그리고 수리비도 듭니다.

하지만 할아버지는 그런 말은 한 마디도 하지 않았습니다.

이건 작은 일이지만, 평소에도 이러한 일이 많이 있었습니다.

할아버지 집에서는 무엇을 해도 꾸중 듣는 일이 없기 때문에 무엇이 착한 행동인지, 무엇이 나쁜 건지 알 수가 없습니다.

그러나 할아버지가 난처해하시는 모습을 보면 '내가 해서는 안 되는 일을 했구나.', 미소나 즐거운 표정을 지으시면 '내가 착한 일을 했구나.'라는 것을 알 수 있습니다.

할아버지는 스스로 생각하시고 자신의 생각을 가지고 행동하시는 분이십니다.

그리고 우리에게도 그러한 사람이 되기를 원하고 계시기 때문에 함부로 다른 사람의 행동을 꾸중하거나 못하게 하지 않는다고 생각합니다.

나는 할아버지의 미소, 즐거운 표정이 너무 좋습니다.

이 내용은 초등학교 6학년생이 학교 글짓기 시간에 쓴 글입니다.

이 아이는 꾸중하지 않는 할아버지의 모습 속에서도 무엇이 옳고, 옳지 않은지를 자연스럽게 배우고 있는 것 같습니다.

무엇보다도 할아버지 집에서 마음껏 자유로움과 즐거움을 만끽하고 있는 아이의 모습이 부럽습니다.

칭찬의 함정

"착하지! 그럼 깨끗이 잘 치울 수 있겠죠?"

"오늘도 공부 열심히 했구나, 내일도 열심히 해야지."

"이번엔 2등 했구나, 잘했어! 이다음엔 1등 했으면 좋겠어."

"가장 조용한 친구는 ○○예요, 착하죠. 여러분도 ○○처럼 조용해야죠."

부모나 교사들이 흔히 하는 칭찬들을 몇 가지 소개했습니다만, 이들 칭찬의 공통점은 무엇일까요?

칭찬이나 꾸중을 한다고 하는 것은 칭찬이나 꾸중하는 사람의 나름대로의 평가 기준이 있다는 것을 의미합니다. 문제는 그 사람이 "어떤 평가 기준을 가지고 있으며, 그 기준은 과연 누구를 위한 것인가?"라고 하는 것입니다.

바람직한 칭찬에 대한 문제를 생각하고자 한다면 반드시 이런 문제를 짚고 넘어갈 필요가 있습니다.

앞에 소개한 칭찬들은 모두 어른이 인정하는 가치를 향해 아이를 내몰기 위해 '칭찬'을 수단으로 이용하는 경우들입니다. 또한 이런 칭찬에는 다른 아이들과의 상대적 비교를 통해 경쟁심을 불러일으키는 내용도 담고 있는 경우가 많습니다.

칭찬에 어른의 욕구나 어떤 의도가 포함되어 있거나 다른 아이들과의 상대적 비교를 통해서 경쟁심을 불러일으키는 내용은 교육적으로 바람직하지 못합니다.

어디까지나 아이들 자신의 내적 기준에 따라 자신의 페이스대로 행동하고 노력하는 모습이 보이면 이를 인정하고 격려해 주는 칭찬이 바람직합니다.

만일 수업과 같은 집단적 활동을 하는 가운데 어느 한 아이를 지목하여 칭찬한다면 칭찬받지 못한 아이들에게 열등감이나 소외감을 느끼게 하거나 심리적 부담을 안겨 줄 수도 있습니다.

"나도 똑같이 조용히 했는데(잘 했는데), 왜 나는 칭찬 안 해 주지?"라는 생각에 불공평하다는 느낌이나 마음의 상처를 줄 수도 있습니다. 대개 이런 식의 칭찬을 즐겨 사용하는 어른들은 아동의 본질에 대한 이해나 그들의 발달적 요구를 무시하는 아동관을 갖고 있는 경우가 많습니다.

이런 어른들은 자기말대로 순종 잘 하고, 공부 열심히 하는 아이를 소위 '착한 아이'로 생각하며 큰 기대를 걸고 있습니다.

그러나 등교 거부나 학교 폭력, 친구 관계, 정신적인 문제 등으로 교육 상담을 받으러 오는 부모들의 이야기를 들어 보면 대개 공통점이 있습니다. 부모들은 하나같이 "어릴 때는 너무 착했었고 공부도 열심히 했었는데, 그런 아이가 왜 이렇게 달라졌는지 모르겠어요."라고 호소하고 있습니다.

당연한 귀결이라고 할 수 있습니다. '칭찬의 노예'가 된 아이들은 어른들이 정한 칭찬의 절대적 기준에 맞추기 위해 자신의 자연스런 욕구나 본질적인 만족을 자제하면서 그동안 착한 아이의 행세를 해 왔을 뿐입니다.

사실 '어떤 상황에서, 어떤 행동에 대해서 어떻게 칭찬하면 좋은가?'라고 하는 것은 결코 간단한 문제가 아닙니다. '교육적으로 바람직한 칭찬'이라는 문제를 생각할 때에는 '어느 시기, 어떤 상황, 무슨 행동에 대해서, 어떻게 칭찬하는 것이 좋은가?'라는 기술상의 문제도 있지만, 그보다 중요한 것은 '칭찬의 본질'에 대한 이해입니다.

'칭찬의 본질'이란, 어디까지나 칭찬의 기준이 어른이 아닌, 아동 자신이 되어야 한다는 것입니다. 아동의 성장이나 개성적 인격형성에 도움이 된다면 얼마든지 훌륭한 칭찬이 될 수 있습니다. 그러나 어른을 위해서, 즉 어른의 욕구나 어떤 의도가 칭찬 속에 포함되어 있다면 '좋은 칭찬'이라고 할 수 없습니다.

그리고 칭찬 속에 어떤 특정의 행동을 유도하고 있다는 낌새를 느끼게 되면 아이들은 그런 칭찬을 받아들이지 않습니다. 오히려 상대방에 대해 마음의 문을 닫아 버리거나 생리적 혐오감조차 느끼는 경우도 있습니다. 초등학교 저학년까지는 통했던 것이 중학생이 되면 오히려 역효과가 생기는 경우도 있기 때문에 주의할 필요가 있습니다.

칭찬자의 어떤 욕심이나 기대와 같은 의도가 숨어 있는 경우가 아닌, 아이의 행동이나 태도 그 자체를 존중해 주면서 그 아이의 자연스런 모습에 관심과 인정을 해주는 것만으로도 얼마든지 훌륭한 칭찬이 될 수 있습니다. 예를 들어, 그림을 그리고 있는 아이에게 "참 잘 그리는구나."라는 칭찬도 있겠지만, "○○그림을 그리고 있구나."라고 그 행동에 관심을 갖고 인정해 주는 것만으로도 훌륭한 칭찬이 될 수 있습니다.

또한 아이를 바라보는 눈이 다른 아이와의 비교를 통해서가 아닌, 그 아이의 어제와 오늘의 변화를 바라보는 자세가 중요합니다. 아이들마다 각자 다른 모습을 인정하면서 그 나름대로 보다 나은 방향을 위해 노력하는 모습을 보일 때 그 모습에 관심을 보이면서 인정하고 격려해 주는 자세가 필요합니다.

이런 칭찬이 가능하려면 평소에 그 아이에 대한 이해와 세심한 관심이 필요합니다. 오늘 보이는 행동이 다른 아이들보다 뛰어났을 때 칭찬해 주는 것이 아니라, 비록 오늘의 행동은 다른 친구들보다 못하지만 어제보다는 조금 나아졌거나 노력하는 모습이 보이면 칭찬을 해주는 것이기 때문에 먼저 그 아이에 대한 이해가 매우 중요합니다.

놀이 가운데서도 어른의 입장에서 보면 극히 평범할지라도 나름대로의 아이디어를 말하면 "그래, 그거 멋진 생각이야!"라고 하면서 긍정적 반응을 보여 준다든지, 친구를 도와주거나 자신의 잘못을 반성하였을 때도 칭찬과 격려를 잊지 말아야 할 것입니다.

무엇보다 어른들이 소홀히 하기 쉬운 것은 아동의 주체적인 행동에 대한 칭찬입니다. 예를 들어, 옷을 스스로 입거나, 이를 닦거나 자기 방을 정리하는 등, 어떻게 보면 대단한 것도 아니고 지극히 당연한 행위입니다. 이런 아이들의 자발적인 모습을 인정해 주고 칭찬해 줄 때, 아이들은 '자기 존재 가치'를 느끼게 되면서 심리적으로 건강한 인격체로 성장해 나갈 수 있습니다. 이처럼 아이들의 어제와 오늘을 생각하면 어떤 아이라도 꾸중 받을 일보다도 칭찬받을 일이 더 많다는 것을 알 수 있습니다.

이런 조언을 하면 부모들 가운데는 "우리 아이는 아무리 눈을 닦고 봐도 칭찬할 만한 모습이 보이지 않아."라고 말하는 사람이 있습니다. 이런 경우 아이에게 칭찬받을 만한 행동이 보이지 않는 게 아니라, 아이를 바라보는 부모의 아동관에 문제가 있는 경우가 대부분입니다. 아이에 대한 나의 관점을 180도 전환할 필요가 있습니다.

꼴찌에게 주는 상

초등학교 1학년인 아들이 하나 있는데 아이가 학교에 흥미를 잃어 큰 고민에 빠진 적이 있었습니다.

알고 보니 아이는 체육 시간이 있는 날이면 학교에 가기를 싫어했습니다. 왜냐하면 미국 아이들은 자기 아들에 비해 다리가 길고 전반적으로 체구가 크기 때문에 아들은 번번이 꼴찌였던 것입니다.

그래서 학교에 가기가 싫어진 것입니다.

그런데 하루는 아들이 상장 하나를 들고 오면서 좋아서 어쩔 줄 몰라 했습니다. 무슨 상인지 알게 된 부모는 놀라지 않을 수 없었습니다.

내용은 이러했습니다.

"위의 학생은 달리기 대회에서 누구보다도 최선을 다해 뛰어 다른 학생의 모범이 되었으므로 이 상을 드립니다."

이 글은 모 일간신문에 실린 미국 이민 5년차인 어느 교포 가족의 이야기입니다.

글의 내용을 간단히 말하면 학교가 꼴찌를 한 학생에게 상을 준 것입니다. 우리나라의 학교 정서로는 생각하기 어려운 일입니다.

1등으로 달린 학생에 대한 칭찬도 물론 중요하지만 비록 꼴찌일지라도 그 나름대로 열심히 하는 자세가 인정되면 격려해 주고 용기를 주는 사려 깊은 배려가 필요합니다.

포르노물이 아이들에게 그렇게도 나쁜가?

"중학교 1학년인 아들이 인터넷에서 음란물을 접하는데 어떻게 했으면 좋겠느냐?"고 고민하는 부모가 있습니다. 아들이 외출한 사이에 컴퓨터를 켜고 지난 밤 늦게까지 무엇을 했는지 조회했더니 어른들이 보기도 민망한 여러 음란 사이트에서 많은 시간을 보냈다는 것을 알 수 있었다는 것입니다.

어른들 자신도 아들의 나이 때 그 비슷한 호기심이 있었지만 지금 아이들이 접하는 음란물의 정도가 심해 여러 가지 부작용이 걱정된다고 보고 있습니다.

신체가 성장함에 따라 성에 대한 관심이 생기는 것은 지극히 자연스러운 현상입니다. 어른들이 걱정하는 것은 불건전한 성에 대한 접촉은 아이들의 성숙되지 못한 이성과 자제력을 순간적으로 마비

시킬 정도로 강한 해악을 불러올 수 있다고 믿고 있기 때문입니다.

사실 오늘날은 성에 대해 노골적으로 묘사되어 있는 음란물을 언제라도 얼마든지 접할 수 있는 시대입니다. 폭력물도 마찬가지입니다. 이런 가운데 어른들은 이런 성문화가 아이들의 정서에 미치는 영향을 걱정하면서 포르노물이나 폭력물은 해롭기 때문에 철저하게 규제를 해야 한다는 목소리를 높이고 있습니다.

어른들은 아이들의 폭력이나 무너져 버린 성윤리를 개탄하면서 음란물이나 폭력성을 담고 있는 영화나 TV, 잡지, 만화 등에 그 책임을 돌립니다. 이구동성으로 선정적이고 폭력적인 장면이 우리 아이들을 유혹하고 타락시켰다고 분노하고 있습니다.

그러나 이와 관련해서 이루어진 연구나 조사된 결과를 보면 특히 포르노물의 영향에 대한 것을 보면 이것은 단지 기우에 불과하다는 것을 알 수 있습니다. 즉, "포르노물을 보는 것은 곧바로 해롭다."라고 등식을 만들어 버리는 것은 잘못이라는 것입니다. 오히려 포르노물의 규제는 아이들의 성도덕 불감증을 증가시킨다는 것입니다.

일본의 출판과학연구소와 법무성에서 발간하는 『범죄백서』의 통계 결과를 보면 성에 관한 정보량과 성범죄 행위는 반비례 관계이며, 포르노물의 규제 강화는 성범죄를 증가시킨다는 사실을 알 수 있습니다. 성에 관해서 우리나라보다 훨씬 개방적이라고 할 수 있는 나라에서 발표된 것입니다.

특히 일본에서 폭력물이나 성인 만화, 성인 영화가 성행하면서 폭발적인 인기를 모았던 1994년에는 오히려 살인이나 강간 등의 범죄 발생률이 현저하게 감소하였습니다. 이런 대폭적인 감소 현상을 어떤 전문가는 카타르시스 효과라고 주장하기도 합니다. 이처럼 포르노물이나 폭력물이 범람하고 있는 사회라고 해서 그 사회의 단면을 반증한다고 하는 것은 근거 없는 논리에 불과합니다.

1969년부터 포르노물이 전면 해금이 되었고 그 대상도 16세로 하향 조정을 하였던 덴마크의 경우도 규제 이전보다도 성범죄가 오히려 감소되었다는 것입니다.

미국에서는 1960년부터 1969년까지의 10년 동안 포르노물의 소비량이 무려 7배나 증가하였습니다. 그런데 이 기간 동안 18세 이하의 비행 발생률을 보면 살인이나 폭력 등, 성문제와 관계가 없는 범죄는 2배나 증가하였지만, 성범죄만은 오히려 4.5%나 감소했다는 것입니다.

아직 우리 사회는 유교적 문화가 강합니다. 대중 매체나 소설, 연극에서 성에 대한 이야기나 장면을 노골적으로 묘사하면 곤욕을 치르게 됩니다. 성에 대한 표현에 대해서 규제가 심한 우리 사회는 성범죄의 발생률은 가히 세계 으뜸이라 할 정도로 매우 심각한 수준입니다. 한국성폭력상담소에 의하면 우리나라의 성폭력 발생률은 세계 2, 3위를 기록하고 있으며, 그 신고율이 2.2%에 지나지 않기 때문에 실제 발생 건수는 엄청나다는 것을 쉽게 추정할 수 있습니다.

이런저런 연구 결과를 보면 포르노물이 해롭다고 하는 인식은 상식이 아니라, 극히 비상식적인 이야기라고 하는 것을 알 수 있습니다.

사실 섹스나 폭력에 대한 정보를 아는 것과 이를 행동으로 옮기는 문제는 전혀 다른 것입니다. 아이들이 포르노물을 보면 성에 관한 지식이 많아질 수는 있지만 이것이 이들의 행동에 영향을 준다고는 할 수 없습니다.

포르노물에 접한 아이들은 비행에 빠지기 쉽고, 음란한 행동을 하기 쉽다는 어른들의 주장은 문제의 본질에서 벗어난 것입니다.

공부를 열심히 하면 좋은 대학에 갈 수 있고, 좋은 대학에 가려면 어떻게 공부를 해야 하는지를 잘 알고 있는 학생이라고 해서 모두 공부를 잘하고 있지는 않다는 것을 우리는 잘 알고 있습니다. 중요한 것은 이런 사실을 아는 것이 아니라, 공부에 대한 열정과 이를 실천하고자 하는 의지인 것입니다.

이처럼 우리는 '안다는 것'과 '행동한다는 것'이 다르다는 것을 잘 알고 있습니다. 그럼에도 유독 포르노물에 대해서는 이런 논리를 적용하고 있지 않습니다.

물론 여기에는 나름대로 판단의 근거가 있다고 이야기할지도 모릅니다. 사실 범죄자들의 범행의 동기나 수법에 대한 이야기를 들어 보면 적지 않게 영화나 TV를 보고 자극을 받았거나 모방했다라고 진술하고 있습니다. 하지만 이들은 자기 자신의 비정상적인 욕구나 황폐한 감정의 문제를 이야기하기보다는 사회에 범람하고 있는 매체물에 책임을 돌리면서 자신을 방어하려고 하는 것에 지나지 않습니다.

우리 인간은 자신의 행위에 대한 책임을 자신에게 돌리기도 하고 아니면 외부 환경이나 남에게 돌리기도 합니다. 그런데 대개는 좋은 일은 자신의 능력이나 노력으로 인해서 얻는 결과라고 생각하면서 자신에 대한 부가 가치를 높이려고 합니다만, 나쁜 일은 다른 사람이나 환경의 책임으로 돌리면서 자신을 방어하려는 속성을 갖고 있습니다.

그래서 비행으로 궁지에 몰린 사람들은 자신의 행위를 자신의 비정상적 욕구나 성숙하지 못한 인격이나 분별력에 책임을 돌리기보다는 폭력물이나 음란물에 그 책임을 전가시키면서 자신의 일그러진 모습을 가능한 위장해 보려고 합니다.

이런 현상은 돌이킬 수 없는 자동차 사고를 내고도 무조건 상대방의 책임으로 떠넘김으로써 자신의 실수를 조금이라도 방어하려고 드는 심리와도 다를 바 없습니다.

뉴스에서는 이런 범죄자의 진술을 여과 없이 보도하면서 음란물의 범람은 바로 우리 사회의 성윤리 파괴의 원흉이라고 하는 등식을 만들어 버립니다.

그래서 성범죄의 뉴스를 접할 때마다 시청자들은 거의 반사적으로 포르노물의 영향이라는 함수 관계를 만들어 버립니다.

이런 과정은 러시아의 생리학자인 파블로프가 제안한 고전적 조건 반사의 이론으로도 설명이 가능합니다. 즉, 성폭력과 포르노물이 전혀 관련성이 없음에도 불구하고 성폭력과 포르노물의 관련성을 보도하는 기사를 보고 읽는 동안에 그것이 학습되면서 머릿속에 더욱 선명하게 기억으로 남아 있게 됩니다. 그 결과 무비판적으로 포르노물이 성폭력을 조장한다고 믿어 버리는 조건 반사가 형성되어 버리는 것입니다.

사실 부모들도 자기 자식과 다를 바 없이 멀쩡하게 생긴 아이가 그런 범죄를 저지른 것에는 놀라워하지만, 그 비행의 동기가 그 아이 자신에게 있는 것이 아니라, 폭력물이나 포르노물에 있다는 보도를 듣게 되면 내심 안심을 하고는 우리 아이와는 전혀 상관없는 이야기로 정리를 해버립니다. 왜냐하면 우리 아이는 그런 폭력물이나 포르노물을 보고 있지 않다고 믿고 있기 때문입니다.

성범죄자들에 대해서 흥미롭고 의미 있는 연구 결과를 내놓은 골드 스테인의 연구가 있습니다. 이것을 보면 성범죄자들은 다른 일반 사람들에 비해 십대 시절에 다양한 포르노물을 보는 기회가 적었다는 것입니다.

또한 포르노물에 대한 반응을 보면 포르노물이 직접적으로 모방행위를 조장하는 경우는 적지만, 성적 흥분을 자극하면서 자위행위를 유도하는 경향은 있다는 것이 보고되고 있습니다. 그리고 이 연구에서는 성범죄는 가정의 양육과 깊은 관련성이 있음을 이야기하고 있습니다. 강간범들의 18%는 포르노물을 갖고 있었을 때 부모에게 꾸중을 들은 경험을 갖고 있었지만, 다른 정상인들의 경우는 포르노물의 소유에 대한 부모의 꾸중은 7%에 지나지 않았습니다.

이런 결과를 통해서 보면 성범죄자는 가정에서 성을 터부시하는 경향이 강했고, 그러다 보니 성에 대한 호기심이 가장 강한 시기인 사춘기 시절에는 포르노물을 접할 기회가 적을 수밖에 없었다고 생각할 수 있습니다.

반대로 말하면 성에 대한 호기심이 가장 강한 시기인 사춘기에는 적당한 정도의 포르노물을 접할 수 있는 기회를 주는 것이 성인이 되었을 때 이성에 대한 관심을 자연스럽게 하고 이성과의 건전한 관계 형성에 도움이 된다고 할 수 있습니다. 따라서 포르노물이 유해한 것이 아니라, 오히려 유익하다고 할 수 있습니다.

그러나 어른들은 성에 대한 아이들의 극히 자연스런 호기심을 망측하고 불결한 것으로만 생각하면서 포르노물을 보지도 읽지도 듣지도 못하게 아이들의 자유를 박탈하고 있습니다.

이런 자유를 박탈당한 아이들은 어른들 앞에서는 순한 어린양처럼 순종하는 모습을 보일지는 모르나, 이제 어른들 몰래 숨어서 어디에서인가 포르노물을 접하거나, 아니면 비정상적인 방법으로 자신의 성적 욕구를 충족시키려고 할지도 모릅니다.

일본 경시청의 청소년 대책 본부에서 조사한 '청소년과 성인 비디오 등의 영상 매체물에 관한 결과'를 보면 고등학생 4명 중에 3명, 여학생은 4명 중에 한 명 꼴로 그런 영상물을 보았다고 합니다. 미국에서도 18세가 되기 전에 이런 음란물을 접해 본 경험이 대부분 있으며, 15세도 되기 전에 반수 이상의 아이들이 성에 관해 노골적으로 묘사되어 있는 영화나 출판물을 보았다고 합니다. 미국의 경우 18세 미만은 포르노물 시청이 법적으로 금지되어 있지만 그럼에도 불구하고 미성년자인 청소년의 대부분이 경험하고 있다는 사실은 이런 규제가 그다지 의미가 없다는 것을 이야기해 주고 있습니다. 청소년들은 '금지'라고 하는 규제가 있을지라도 보고 싶은 것은 어떻게 해서든 몰래 다 본다는 것입니다.

음란물의 규제가 다른 어느 나라보다 엄격한 우리나라일지라도 한 조사기관의 통계(2002년)에 따르면 우리 아이들의 음란물 접촉률이 64.1%로 결코 낮지 않은 수준을 보이고 있습니다.

특히 오늘날과 같은 인터넷 시대에는 아이들이 포르노물을 보고 싶으면 얼마든지 몰래 볼 수 있기 때문에 완전한 규제는 거의 불가능하다고 할 수 있습니다.

어른들이 규제를 한다고 할지라도 상황은 그렇게 다르지 않습니다. 그렇다고 한다면 오히려 성의 문제를 공개화하고 청소년들이 성에 대한 것을 주체적으로 생각할 수 있도록 하는 것이 더 현명한 방법입니다. 예를 들어, 교사와 학생들이 함께 포르노물을 보면서 청소년들의 성문제에 대해서 건강한 해소 방법이나 고민을 서로 나누어 보는 것이 오히려 아이들의 성에 대한 올바른 이해와 표현, 그리고 성범죄를 줄이는 데 도움이 될 것입니다.

이것은 성의 문제만이 아니라, 폭력물에 관한 것도 동일하게 이야기할 수 있습니다. 포르노물이나 폭력물에 대해 무조건적으로 거부할 것이 아니라 좀 더 여유를 갖고 시야를 넓혀서 의미 없는 규제를 완화시키는 노력이 필요하다고 하겠습니다.

그동안 우리나라는 정치 발전과 급변하는 사회의 변화를 겪었습니다. 가치관이 다양화되고 사고의 유연성이 돋보이는 21세기에 들어서서도 유독 성문화에 대해서만은 과민 반응을 보여 왔습니다. '성범죄를 자극하는 포르노물로부터 아이들을 보호하기 위해서'라는 명목 하에 인간의 기본적 욕구를 억압하는 어른들의 희귀한 논리와 신념은 아이들에게 또 하나의 쇠고랑을 채워 놓고 있습니다.

포르노물에 대한 규제를 강화해도 전혀 호전되는 것이 없음에도 불구하고 이것을 맹신하고 있는 어른들은 성범죄의 원인이 무엇인가를 진지하게 생각하는 기회조차도 거부하고 있습니다.

포르노물 문화보다 어른들의 이런 사고가 더 위험하다고 할 수 있습니다. 왜냐하면 포르노물의 규제는 성범죄를 증가시키게 되고, 성범죄가 증가하기 때문에 이에 대한 규제를 더욱 강화하게 되면서 악순환의 고리를 만들기 때문입니다.

범죄자들은 자신의 범행 동기나 방법에 대해서 영화나 TV에서 보고 모방이나 자극을 받았다고 이야기하지만, 영화나 TV는 하나의 방법을 제공했을지는 몰라도 동기 부여나 그런 욕구를 자극한 것은 아닙니다. 비행의 본질은 황폐화된 마음에 있고, 그런 마음이 자극적이고 선정적인 매체물을 선호하게 만든 것입니다.

일본의 한 연구에서는 여자 고등학생들을 대상으로 원조 교제를 하게 되는 배경이 무엇인지에 대해서 조사해 보았습니다. 그 주요 원인은 가정이나 학교 문제, 현대 청소년들의 심리적 특징 등이었습니다. 또한 성의식은 가정의 문제와 깊은 관련이 있다는 것을 알 수 있습니다.

어쨌든 성의식이나 성폭력에 미치는 포르노물의 직접적인 영향은 발견할 수 없었습니다. 이것은 어쩌면 당연한 결과일지도 모릅니다. 왜냐하면 오늘날 대다수의 청소년들은 포르노물을 접해 본 경험이 있기 때문입니다.

성범죄나 폭력의 원인은 자신의 감정이나 이성을 통제할 수 없는 그 무엇이 그 사람의 마음속에 있는 것입니다. 여기서는 통제할 수 없는 그 무엇이 무엇인가를 아는 것이 중요합니다.

뉴욕의 한 병원에서 근무하는 청소년정신과 부장인 포리나 간박그 박사는 이렇게 주장하고 있습니다.

> 오늘날 아이들의 문제는 TV나 영화에서 나오는 과격한 내용보다는 오히려 가족 관계의 문제에 의해 생성된다. 'TV 장면에서만 일어나는 것으로 이해하는 것'과 'TV 장면과 현실 장면이 일치하는 경험'을 한 아이들 사이에는 행동에 미치는 영향력이 다르다.
> 그래서 아이들이 아이들답지 않게 섹스와 폭력을 보방하는 것은 아이들이 TV를 보고 있기 때문이 아니라, 부모와의 관계가 원만하지 못하거나 자녀에게 부모의 역할을 다하지 못하는 등 건강하지 못한 가족 관계 때문인 경우가 많다.

사실 TV나 영화의 영향을 강하게 받는 아이들은 대개 그 이전에 가정에 문제가 있는 경우가 많습니다. 이미 가정의 문제로 신경과민이 되어 있는 아이들은 TV의 섹스 장면이나 폭력 장면에 대처하는 능력을 잃게 되면서 TV나 영화의 내용과 현실을 변별하는 능력을 상실하여 폭력적이고 선정적인 장면을 모방해 버리는 것입니다.

그러므로 아이들의 성범죄나 폭력 문제의 근본적인 해결책은 건강한 가족 관계의 형성이 해결의 출발점이라고 할 수 있습니다.

미국의 유명한 아동정신분석가인 캬사린 리스도 "가정생활의 안정도나 만족도가 높을수록 TV나 영화의 섹스나 폭력물의 영향력은 적다."고 주장하고 있습니다.

아이들이 TV나 영화를 통해 적나라한 섹스 장면이나 폭력 장면을 보더라도 가정에서의 생활이 안정되고 행복감을 느끼고 있다면, 그런 장면은 자신의 부모나 형제들과 관련 없는 다른 세상의 이야기로 생각하기 때문에 어른들이 생각하는 만큼 아이들에게 나쁜 영향을 미치지 않습니다.

이제 9살쯤 되어 보이는 한 소년은 놀랍게도 섹스를 어떻게 하는지, 어떻게 하면 서로가 만족을 느낄 수 있는지, 어떻게 하면 임신은 피할 수 있는지, 호모나 레즈비언은 어떤 사람들을 말하는지 어른 못지않게 성에 관한 지식이 풍부하였습니다. 그러나 흥미로운 것은 자신의 부모는 "자기와 동생을 낳기 위해 지금까지 단 2번의 섹스만을 했다."고 믿고 있다는 것입니다.

한 자폐증 아이

내 안경에 흥미를 느낀 이 아이는 안경을 순식간에 벗기고 장난감처럼 가지고 노는 것이었습니다.

나는 비싼 안경을 가지고 저렇게 장난을 치다가 혹시 망가지기라도 하면 어떡하나라는 조바심에 아이에게 다가가 "이건 가지고 노는 장난감이 아니란다. 잘못해서 깨어지기라도 하면 아주 위험하단다."하고 일러 주었지만 소용이 없었습니다.

이제는 안경을 발로 밟아 부수고 마는 것이었습니다. 나는 순간적으로 일어난 일에 너무도 놀랐습니다. 밀려오는 감정을 최대한 억누르며 아이와 헤어져 돌아왔습니다.

자폐증 아이의 이런 행동은 그날로 끝난 것이 아니었습니다. 나를 만날 때마다 똑같은 행동을 반복하는 것이었습니다.

나는 고심 끝에 이 아이를 만날 때면 값싼 안경을 끼고 나오기로 했습니다. 그렇게 하니 이제 나의 마음속에 아이가 내 안경을 가지고 놀아도 상관이 없다는 '허용하는 마음'이 자리 잡게 되었습니다.

나는 이런 마음을 가지고 아이와 신나게 놀아 주었습니다. 그제야 나의 마음이 전해졌는지 아이도 내 안경을 가지고 만지작거린다거나 장난감처럼 갖고 놀긴 해도 이전처럼 부수거나 하는 일은 없었습니다. 놀란 것은 그것만이 아니었습니다. 아이가 한참을 안경을 가지고 논 후에는 그 안경을 다시 내 얼굴에 씌워 주는 것이었습니다.

그러한 일이 있고 난 후 나는 아이의 안경놀이를 편안한 마음으로 바라볼 수 있게 되었고, 아이와 나 사이에는 신뢰하는 마음이 한층 더 생겨난 것 같았습니다. 아이를 위해 만들었던 그 값싼 안경은 이제 나의 서랍 속에 고이 잠자고 있습니다. 이후 이 자폐증 아이는 적응력이 향상되면서 고등학교에 진학하게 되었습니다.

이 글은 일본의 저명한 아동심리학자인 히라이 선생이 저술한 『새로운 유아 교육을 위해서』라는 책 중에서 자신이 치료한 한 자폐증 아이에 대해 이야기한 내용의 일부를 발췌한 것입니다.

자폐증은 세상에 대해 마음의 문을 닫고 사는 상태라고 말할 수 있습니다.

자기표현이 얼마든지 허용된 지금 이 자폐증 아이는 이제 서서히 세상을 향해 자신의 마음의 문을 여는 것 같아 다행스럽습니다.

아이들은 자신의 순간순간의 표현이나 경험들을 소중히 여겨 주고 받아 주는 어른들을 좋아합니다. 이런 아이들은 자신의 마음의 문을 열고 어른에게 다가갑니다.

이혼에 의해 빼앗긴 아이들의 자유

아이들은 엄마 아빠의 즐거운 모습을 보면서 하루하루 재미있게 보내고, 내일에 대한 꿈을 키우면서 살아갑니다. 그러나 우리 사회는 이제 결혼에 의해 만들어지는 가정의 항구적인 모습은 사라지고 이혼이나 별거로 인해 파괴되는 가정의 모습을 드물지 않게 볼 수 있는 시대가 되었습니다.

1950년대의 미국의 작은 도시를 배경으로 당시 사회를 잘 나타낸 영화 「라스트 쇼」라는 작품이 있습니다. 이 영화의 한 장면에는 자신을 증오하고 있는 아내에게 남편이 "왜 결혼 생활을 계속하고 있는가?"라고 묻는 장면이 나옵니다. 이에 대해 아내는 "난 당신과 헤어진다는 것을 생각조차 못해 보았어요. 헤어진다는 게 무서워요."라고 말합니다.

이런 이야기가 당연하게 들리던 시대는 이제 사라졌습니다. 1970년대에 시작된 경제 성장을 배경으로 여성들은 새로운 관점에서 세상을 바라보게 되었습니다. 이제 여성에게도 경제적으로 자립할 수 있는 길이 열리자, 이전에는 불행한 결혼 생활을 어쩔 수 없는 운명으로만 받아들이며 살아왔던 여성들, 살기 위해서는 어쩔 수 없는 대가로 여기며 불평등한 지위에 만족해야 했던 여성들 앞에 탈출구가 보인 것입니다. 여성들은 결혼 이외의 길을 선택할 수 있는 용기를 갖게 되면서 결혼 생활에서 점점 남녀평등을 주장하게 되었습니다.

여기에다 자기실현 내지 자기만족이 중요시되면서 인격적인 면이나 능력, 감정, 섹스, 지성 등의 면에서도 기대치가 높아졌습니다. 그러다 보니 결혼 생활의 만족감에 대한 잣대가 이전보다 더욱 까다로워지게 되고 상대방에 대한 실망감이나 결혼 생활의 실패 가능성도 그만큼 높아지게 되었습니다.

이제 결혼 생활은 영속적이라는 고정관념이 사라졌습니다. 행복을 꿈꾸는 결혼 생활이 아이들 때문에 희생되어도 된다는 생각에 동의하는 사람은 별로 없는 것 같습니다. 상대방의 모순이나 욕구, 결점을 수용하면서까지 아이 때문에 결혼 생활을 계속해야 한다는 생각도 점점 사라지고 있습니다.

그래서 오늘날 결혼이라고 하는 사회적 풍습은 언덕에서 굴러 떨어지는 돌처럼 가속도가 붙어 붕괴의 길로 들어서고 있습니다. 이혼으로 결혼 생활에 종지부를 찍는 것에는 더 이상 거부감을 느끼지 않는 세상입니다. 이혼은 이제 흔히 있을 수 있는 사회 현상의 하나로서 결혼을 하는 것과 마찬가지로 누구에게나 있을 수 있는 일처럼 되어 버렸습니다.

요즘은 '황혼 이혼'도 급증하고 있습니다. 15년 이상 장기 동거한 부부의 이혼 비율이 최근 10년 사이에 두 배 가까이나 늘었으며, 50세 이상 고 연령층 이혼율도 10년 동안 3배 이상이나 증가했습니다. 통계청에 의하면 이혼의 원인으로 "자기중심적 삶의 지향 등 가치관의 변화와 경제적 요인"을 들고 있습니다.

문제는 이혼으로 인해 가장 피해를 보는 사람은 이혼 당사자가 아닌, 아이라는 것입니다. 이혼으로 인해 결손 가정 아이들의 증가는 가속도가 붙었고, 부모의 재혼으로 인해 버림받는 아이들의 수도 매년 기록을 깨고 있습니다. 한 기획조사단의 조사에 의하면 '자녀가 있어도 이혼할 수 있다'고 생각하는 젊은 부부들이 무려 48.9%에 이르고 있습니다.

미국의 경우는 아이들의 40% 정도가 부모의 이혼을 경험하고 있으며, 그중에 많은 아이들이 학교에 가기도 전에 이런 아픔을 당하고 있습니다. 그래서 미국에서는 이혼이 아이들에게 미치는 영향이 무엇인지에 대해서 많은 연구를 해왔습니다.

부모의 이혼을 경험한 아이들은 정도의 차이는 있지만 여러 면에서 스트레스를 받고 있는 것으로 알려져 있습니다. 이들은 알코올이나 마약, 범죄 등에 빠지기 쉽고 자살 충동이 강하며 학교생활에 잘 적응하지 못하는 것으로 나타났습니다. 이밖에도 가출, 섹스 등 사회적 문제 행동과도 관련성이 높은 것으로 나타났습니다.

미국 정신의학 잡지에 '기괴한 병'에 대한 보고가 발표된 적이 있습니다. 학교나 캠프에서 많은 아이들이 갑자기 중독 증세나 전염병과 같은 증세를 보이는 것입니다. 초기 조사 단계에서 그 원인에 대한 확실한 결론을 내리지 못하자, 보다 광범위한 조사나 진단을 시도했습니다. 그럼에도 명확한 원인을 밝혀 내지 못하고, 단지 이 병은 아이들의 정신적, 육체적 스트레스로 인한 집단 히스테리의 하나일 것이라는 추측만을 할 뿐이었습니다.

그런데 이 내용이 발표되기 3년 전 보스턴 교외에서 이와 유사한 기괴한 병에 걸린 남녀 224명을 조사한 결과, 상태가 상당히 안 좋은 아이들은 대개 과거 부모의 이혼이나 가족의 죽음을 경험한 아이들이었다고 합니다. 하지만 이런 경험이 없는 아이들은 비록 이런 기괴한 병에 감염되었지만 상태는 가볍고 입원 치료까지 할 필요가 없었다는 것입니다. 이처럼 이혼 가정의 아이들은 겉모습과는 달리 여러 가지 위험한 상황에 노출되어 있다고 할 수 있습니다.

그렇다면 과연 부모의 이혼은 아이들에게는 평생 잊을 수 없을 정도의 큰 충격적인 경험으로 남아 있을까? 이에 대한 전문가들의 반응은 'YES'라고 답하는 사람이 많은 것 같습니다.

그러나 여기에는 부모가 이혼하기까지 아이가 가정에서 경험한 내용이라든지, 아이의 연령, 이혼 후의 안정적 가정환경의 제공 여부 등의 요인에 영향을 주기 때문에 단순하게 "예"라고는 말할 수 없을 것입니다.

하지만 전문가들은 가정의 붕괴는 어릴 때부터 지워지지 않는 상처로 남아서 어른이 되어서도 특히 인간관계에 좋지 못한 영향을 줄 수 있다고 보고 있습니다.

또한 심리적 동요와 함께 또다시 부모가 자신을 버리지 않을까 하는 불안감, 청소년기에 들어서면 자신도 나중에 어른이 되면 부모의 불행한 결혼을 반복하지는 않을까라고 하는 불안감을 느끼게 된다고 보고 있습니다.

사실 심리학적으로 문제가 되는 것은 이혼 그 자체보다는 이혼하기 까지 있어 왔던 부부간의 갈등이나 긴장, 싸움, 폭력 등 가정을 긴장시키고 공포 분위기로 만드는 요소들입니다. 오히려 이런 것들이 아이의 정신 건강에 미치는 영향이 더 큽니다.

이제까지 이혼에 관련된 여러 조사나 연구를 보면 아동의 심리적 건강은 부모의 이혼 그 자체보다도 이혼하기까지 있었던 가정 내의 부부간의 분쟁과 밀접한 관계가 있음을 알 수 있습니다.

나이가 아직 어린 아이들은 엄마, 아빠의 나눔이나 싸움, 폭력에 별 영향을 받지 않을 것이라고 생각하는 사람이 많습니다만, 그렇지 않습니다.

어린 아이일지라도 부모의 행동에 민감하며, 이것이 누적되면서 정신 건강에 영향을 받게 됩니다. 심지어 세상에 태어난 지 1년밖에 되지 않은 영아일지라도 분쟁적 가정 분위기는 이들의 뇌리에 기억되면서 아동기를 거쳐 청년기까지 계속된다고 보고 있습니다. 이런 가정 분위기에서 살아온 아이의 40% 내지 50% 정도는 정신적 병리 현상을 보이고 있는데, 이는 일반 아동의 5배 내지 6배나 되는 수준입니다.

그리고 이혼으로 파생되는 또 하나의 심각한 문제는 이혼 후에 전개되는 아동 세계의 박탈입니다. 아무리 윤택하고 풍요로운 가운데 생활을 하였다고 할지라도 부모의 이혼은 '아동 세계의 박탈', 즉 '아동의 자유 박탈'을 의미하기도 합니다. 앞에서 말한 이혼 가정 아이들의 문제 행동이나 병리적 현상의 원인은 아동 세계의 박탈로 인한 경우도 많습니다.

이혼 가정의 아이들은 또래 아이들에 비해 행동이나 정신적으로 성숙한 모습을 보이는 경우가 많습니다. 대견스럽기도 하고 마치 꼬마어른처럼 어엿한 모습을 보이기도 합니다.

하지만 이런 모습은 결코 아이들의 성장에 있어 바람직한 것이 아닙니다. 이들은 단지 빈 공간이 생겨 버린 가정에서 엄마나 아빠의 역할을 대행하면서 익숙해진 행동에 지나지 않기 때문입니다.

심지어 어떤 아이들은 떠나 버린 부모 역할의 대행만이 아니라, 우울해진 부모의 마음을 위로까지 하는 모습도 볼 수 있습니다. 아직 9세밖에 되지 않은 어린 아들이 남편과의 이혼으로 의기소침해진 엄마에게 다가가 등을 두드리면서 "엄마, 괜찮아요."라고 위로하는가 하면, "11세 된 딸은 아침을 준비해서 내 방까지 갖다 주기도 하죠."라고 자녀의 어른스러움과 대견함을 자랑하는 이혼녀의 이야기를 들을 수 있습니다.

물론 이혼으로 슬퍼하는 부모의 마음을 위로하고 도와주는 자녀의 태도는 대견스러운 것이지만, 문제는 어릴 때에만 할 수 있는 어린이다운 경험이 어른 행세로 인해 그만큼 박탈당한 것입니다. 아동의 바람직한 성장을 위해서는 어릴 때는 어린이다운 경험을 충분히 하도록 배려하는 것이 매우 중요합니다.

아동기에 부모의 고민이나 문제를 예리하게 통찰하고 현명하게 대처하는 능력을 갖고 있다는 것이 지금 당장은 훌륭하게 보일지 모르나, 어른의 세계에 너무 들어가게 되면 오히려 아이들 자신의 생활에 혼란이 생겨 여러 가지 문제가 생길 수도 있습니다.

14세밖에 안 된 한 소녀는 부모의 이혼으로 인해 뜻하지 않게 어른의 역할을 해야만 했고, 그러다 보니 어른의 성생활 문제에도 관심을 갖게 되었습니다. 그러던 중 아이는 또래 소년과 성관계를 맺고 말았던 것입니다. 문제는 이런 행위에 대해 소녀는 평소에 자신이 실제적으로 부모의 역할을 해왔기 때문에 정신적인 측면에서는 섹스에 대한 아무런 거부감이나 죄책감을 느끼고 있지 않고 있었다는 것입니다.

하지만 오늘날은 아이의 이런 문제 때문에 부모가 이혼해서는 절대 안 된다고 하는 주장에 동의하는 사람은 별로 없을 것입니다. 옛날에는 부부간에 굴욕적이고 비참한 생활을 하고 있을지라도 자녀를 위해 참고 살아가는 것이 당연하고, 하나의 미덕으로 생각해 왔습니다. 하지만 요즈음은 이혼에 대한 인식이 많이 달라졌습니다.

부모의 이혼은 자녀에게는 견디기 힘든 고통이며 아이의 마음에 하나의 큰 상처로 남게 된다는 사실은 인정하지만, 부모와 꼭 같이 살아야만 아이가 건강하게 성장할 수 있다는 신념은 점점 흔들리고 있습니다.

"불행한 결혼은 자녀도 똑같이 불행하게 만든다. 부모가 불안을 느끼면 자녀도 불안을 느낀다. 그러므로 불행한 결혼 생활을 인내하면서 유지하기보다는 이혼해서 각자의 행복을 만들어 나가는 것이 '자녀를 위해서' 오히려 좋다."라고 하는 인식이 강한 지지를 받기 시작하고 있습니다. 이런 주장을 지지하는 아동 전문가도 적지 않습니다.

사회적 또는 종교적 이유에서 이혼이 절대적으로 환영받지 못했던 시대에는 겉으로는 아무렇지도 않게 보이는 가정일지라도 안을 들여다보면 믿을 수 없을 정도로 정신적 갈등이 심한 경우가 많이 있습니다.

미국의 한 저명한 아동 전문가는 이렇게 말하고 있습니다. "불행한 결혼 생활을 계속하나, 이혼을 하나 모두 아이에게 좋지 못한 영향을 미친다는 것은 분명하지만 어떻게 보면 불행한 결혼 생활을 고집하는 편이 더 나쁜 영향을 미칠지 모릅니다."

그런데 이와 관련된 여러 연구 내용을 들여다보면 반드시 그렇지만은 않은 것 같습니다. 미국 캘리포니아의 이혼 가정 아동의 대책 프로젝트에서 60가정의 이혼 부모와 자녀에 대해서 조사한 결과를 보면 대부분의 부모들은 이혼 후 5년이 지나도 '이혼해서 좋았다'고 생각하고 있었습니다.

특히 여성들은 경제적 어려움이 있음에도 불구하고 이혼을 후회하고 있지 않았습니다. "이혼 후 자신을 긍정적으로 바라볼 수 있게 되었고 생활의 적응력도 향상되면서 여러 육체적인 증상이나 정신적 고통이 사라졌다."고 하고 있습니다.

하지만 아이에 대한 조사 결과는 부모의 경우와 전혀 달랐습니다. '이혼은 부모뿐만 아니라, 자녀를 위해서도 좋을 것이다'라고 하는 가설은 달콤한 환상에 불과하였습니다. '이혼해서 좋았다'라고 생각하는 부모는 전체의 80% 정도였지만, 아이들은 반 이상이나 부모의 이혼 전보다 더 안 좋다고 생각하고 있었습니다. 이들의 정신 위생도 이전보다 더 좋지 않은 것으로 나타났습니다. 현재 생활에 만족하며 즐거운 나날을 보내는 아이들은 전체의 3분의 1에 불과하였습니다.

자신을 버리고 가버린 부모에 대한 분노를 느끼거나 '엄마(아빠)를 빼앗겼다, 엄마(아빠)에게 버림받았다'고 생각하며 슬퍼하고 심리적으로 고통을 받으면서 살고 있는 아이들이 많았습니다.

13세 된 한 소녀는 이혼한 부모에게 자신의 처지를 이렇게 호소하고 있습니다. "아직 뭐가 뭔지 아무것도 모르고 있는 내가 세상 밖으로 홀로 내던져진 기분이에요."

소중한 아동기의 자유를 충분히 즐기지 못하고 다른 아이보다 아동기를 짧게 마감해야 한다는 것입니다. 이들은 이제 빈 공간이 되어버린 부모의 역할을 메우기 위해 아이어른의 행세를 하게 됩니다.

언니는 우는 동생을 달래면서 밥을 짓고 청소도 하고, 형은 아빠를 대신해서 위엄과 권위를 갖고 동생을 대하면서 가정의 질서를 지키려고 합니다. 어른이 되기까지 수 년이 걸리던 것이 부모의 이혼으로 단축되면서 아이에게 어른스러움을 요구하게 됩니다.

또한 그렇게 해야만 하는 상황 속에서 이혼 가정의 아이는 아동기에 소중한 놀이 시간이나 자신의 욕구를 자유롭게 표현하면서 살아가는 자유를 박탈당하게 됩니다. 어린 시절 동안 떠나 버린 부모의 한 부분을 메우기 위해 어른스러운 생활을 해야만 한다는 것이다.

미국의 정신과 의사 피터 박사는 이렇게 경고하고 있습니다. "부모의 이혼으로 어릴 때부터 어른의 세계를 경험한 아이들은 나중에 육체적으로 성숙한 어른이 되더라도 정신은 상실된 과거의 어린 시절에 집착하기 때문에 일생을 아동기에서 벗어나지 못할지도 모릅니다."

성숙한 성인으로 성장하기 위해서는 어릴 때 아이다운 생활이 보장되어야 합니다.

이혼 부모들 가운데는 이혼에 이르기까지 있었던 가정의 갈등과 분쟁 요소를 '자녀가 아직 어리기 때문에'라든가, '아이를 보호하기 위해'라는 명목 하에 자신들의 이야기를 비밀로 하는 경우가 많습니다. 그러나 현명한 양육 태도가 아닙니다. 이혼 가정만이 아니라, 일반 가정에서도 부모의 문제나 불행을 자녀에게까지 이야기하게 되면 아이에게 정신적 고통을 줄 수 있다는 생각에서 비밀로 하는 경우가 많습니다.

하지만 아동 전문가들의 생각은 다릅니다. "아이에게 진실 그대로를 이야기하라."고 권유하고 있습니다. 만일 이혼을 하게 되면 자녀에게 "아빠와 엄마는 이제 서로 사랑하지 않아." "아빠가 너무 술을 많이 마시기 때문에 이제 더 이상 같이 살 수가 없어." "이제 다른 사랑하는 사람이 생겼어." 등 헤어지는 이유를 사실 그대로 구체적으로 이야기할 것을 제안하고 있습니다. 부모는 자신의 고민을 자녀에게 감출 필요가 없습니다.

이혼 가정의 자녀들을 대상으로 상담 경험이 많은 상담사들은 '이혼의 배경에 숨어 있는 여러 가지, 이야기나 이제부터 가정생활이 어떻게 달라질 것인가에 대한 것'을 가능한 숨김없이 자녀에게 이야기할 것을 권유하고 있습니다.

만일 이런 이야기를 하지 않으면 부모의 이혼이 마치 "자신 때문에, 내가 나쁜 아이이기 때문에, 지금까지 제대로 엄마, 아빠 말을 잘 듣지 않았기 때문에" 등 그릇된 이해를 하며 자책하는 경우가 많다는 것입니다. 때문에 아이가 이런 잘못된 생각을 갖지 않도록 하기 위해서도 이혼의 진실을 이야기하는 것은 매우 중요합니다.

아동기의 아이는 객관적이지 않고 자기중심적인 생각을 해버리는 경향이 있기 때문에 부모의 이혼을 자신의 책임으로 돌리기 쉽습니다.

하지만 자녀에게 이혼의 이유를 숨김없이 그대로 이야기하게 되면 부모의 이혼에 대해 아이가 느끼는 죄악감이나 심리적 고통은 어느 정도 해소될 수 있을 것입니다.

그리고 이혼 후에는 부모 모두 자녀와의 접촉을 유지하면서 친밀한 관계를 맺어 나가는 것이 아이의 정신 건강을 위해 매우 중요합니다.

부모의 이혼으로 인한 마음의 상처는 오랫동안 안고 살아가지만, 부모의 이혼 후 더 이상 아픔을 느끼지 않는 바람직한 환경만 제공된다면 육체적 상처가 시간이 지나면 자연스럽게 아물듯이 마음의 상처도 어느 정도 회복이 가능하다고 보고 있습니다. 인간은 정상적인 환경만 제공된다면 마음의 상처를 회복시킬 수 있는 신비한 능력을 잠재적으로 갖고 있는 존재이기 때문입니다.

부모의 따뜻한 사랑이 가득한 가정이야말로 아이에게는 최고의 행복이라고 하는 사실은 굳이 전문가에게 물어보지 않더라도 누구나 잘 알고 있습니다.

그런데 이혼이 별로 없었던 옛날에는 과연 지금보다 부부간에 문제가 적었고 행복한 가정이 많았다고 이야기할 수 있을까요?

그건 그렇지 않을 것입니다.

오히려 요즘보다 부부간에 불평등과 경제적 구속에 얽매여 참고 살아왔던 여성들이 더 많았을 것입니다. 아무리 불행할지라도 자녀를 위해 '가정의 붕괴'만은 피해야 되겠다는 생각에 자신의 불만을 속으로 삼켜왔을 것입니다.

그러나 오늘날 이런 불만이 밖으로 표출되면서부터 남성들은 당황하기 시작했고, 이러는 동안 서로간의 애정이나 신뢰는 무너지고 어느새 마음에는 불신과 미움만으로 가득한 자신을 돌아보면서 과감하게 새로운 길을 찾아나서는 오늘날의 부부들의 모습을 우리는 결코 비난할 수는 없다고 생각합니다.

이혼의 책임이 그 누구에게 있든지 그것은 자신의 개인적 주관적 세계에서 느끼며 생각하고 행동하는 한 주체적인 인간이 고민하면서 선택한 결정이기 때문에 제3자가 어떤 자의적인 잣대로 판단할 수 있는 문제는 아니라고 생각합니다.

다만 본서에서 염려하는 것은 부모의 이혼으로 자녀가 아동기의 자유를 박탈당할 수 있다는 것이며, 이로 인해 천진난만하게 장난치고 놀아야 할 어린 시절의 상실을 걱정하는 것입니다.

부모의 뒷모습

어느 일요일 오후.

초등학교 교사인 K씨는 가족과 함께 초등학교 2학년생인 딸에게 했던 약속을 지키기 위해 동네 백화점을 들렀습니다.

인기 애니메이션 캐릭터 신발을 사주기 위해서였습니다.

집 근처에 있는 신발가게에도 가보았지만 없었던 터라 딸과의 약속을 지키기 위해서 오늘은 동네 백화점을 찾아온 것입니다.

하지만 이곳도 재고 상품까지 품절되었다는 것이었습니다.

슬픈 표정을 짓고 있는 딸에게 아버지는 미소 지으며 "약속했으니까"라고 말하고 차를 시청 가까이에 있는 백화점으로 돌렸습니다.

하지만 그곳 역시 품절이었습니다.

힘없이 축 늘어진 딸의 어깨를 가볍게 두드리며 "너와의 약속이니까"라며 이제는 교외에 있는 대형 쇼핑센터 쪽으로 차를 몰았습니다. 그러나 이곳에도 역시 없었습니다.

딸은 거의 체념한 듯 "아빠, 이젠 괜찮아요."라고 하며 이제 아빠를 이해하고 위로하였습니다. 그러나 아빠는 다정하게 "너와 약속한 거잖아."라고 약속한 것을 재확인하면서 이제는 서울에 있는 전문 캐릭터 상점으로 가보기로 했습니다.

정체하는 고속도로를 빠져나와 서울에 있는 전문 캐릭터 상점에 도착했을 때는 이미 밤하늘의 별이 선명하게 보이는 시간이 되어 버렸습니다.

"여기에도 없으면 이젠 포기하자."는 아빠의 말에 딸은 고개를 끄덕였습니다. 조금 멈칫 멈칫하면서….

점원에게 찾고 있는 신발을 물어 보자 "네, 그거요, 있죠."라고 대답하는 점원의 목소리에 딸은 너무너무 기뻐 깡충깡충 뛰면서 어쩔 줄 몰라 했습니다. 아빠도 마찬가지였습니다.

집으로 돌아오는 차 안에서 아이는 곤하게 잠이 들었습니다. 부인이 남편에게 말을 걸었습니다.

"오늘 당신 수고했어요. 하지만 서울까지 가다니 좀 너무한 거 아니에요?"

"아냐, 난 저 아이에게 자신이 한 말이 얼마나 소중한가를 가르쳐 주고 싶었어. 언젠가 우리가 저 아이들을 보호해 줄 수 없을 때가 오겠지. 그때 약속을 지키려고 애쓰는 우리의 모습을 저 애의 마음속에 깊이 남겨두고 싶었어."

아마 이 소녀의 마음에는 자신과의 약속을 지키기 위해 끝까지 최선을 다한 아빠의 모습이 영원히 각인되어 있을 것입니다.

아이들의 자유를 박탈하는 인터넷 문화

현대를 '정보화 사회'라고 부르고 있습니다. '정보화 사회'라는 말이 등장하기 시작하였던 시기는 1970년대부터이며, 이것은 '탈공업화 사회'라는 의미를 뜻하기도 합니다. 1990년대에 들어서서 우리 사회의 모든 영역에서 정보량이 급격히 증대하면서 이제는 인간의 처리 능력을 훨씬 넘어선 '정보량의 홍수 시대'를 맞이하게 된 것입니다.

이런 시대에 등장하는 키워드가 바로 '인터넷'이라고 할 수 있습니다. 이제 인터넷으로 인해 방 안에 가만히 앉아서도 세계의 각종 정보를 짧은 시간에 얼마든지 접할 수 있게 되면서 세계의 움직임을 손쉽게 알 수 있는 시대가 되었습니다.

1990년대 들어 전 세계로 확산된 인터넷 문화는 TV, 신문, 라디오, 잡지, 서적 등과 같은 기존의 매체와는 비교가 되지 않을 정도로 급속도로 보급되고 있습니다. 2000년대에는 이미 전 세계적으로 약 1억 4,700만대 이상의 컴퓨터가 온라인을 통해 연결되어 있으며, 정보를 발신하는 호스트도 전 세계에 무려 3,000만대에 이르고 있습니다. 그래서 21세기를 '인터넷 시대' 또는 '정보화 시대'라고 부르고 있습니다.

우리 인간의 생활을 보다 편리하고 윤택하게 만들어 줄 것으로 기대하면서 만들어진 '인터넷'을 한 마디로 말한다면 "흠잡을 데 없는 완벽한 도구"라고 칭송하는 사람이 있는가 하면 '세뇌'나 '마인드 컨트롤'을 마음대로 할 수 있는 매우 위험한 매체로 생각하는 사람도 있습니다.

'인터넷으로 무엇이든 할 수 있는가?'라고 하는 질문에 대해 'YES'라고 대답하는 사람이 적지 않을 것입니다.

이제 쇼핑이나 영화 티켓, 기차표, 항공권 예매, 그리고 호텔 예약 등 무수히 많은 것들을 인터넷이라는 수단을 통해 간편하게 할 수 있는 시대가 되었습니다. 종래의 통신 판매인 경우도 직접 백화점에 나가지 않고도 전화 한 통화만으로 쇼핑할 수 있었지만, 이제는 인터넷으로 24시간 언제라도 쇼핑이 가능합니다.

이처럼 인터넷은 그 어떤 매체보다도 편리하고 유용하게 이용되고 있으며, 특히 전자우편은 그 대표적이라고 할 수 있습니다. 같은 내용의 문서를 여러 사람에게 동시에 발송해야 하는 경우, 우편이나 전화로 하는 것보다 훨씬 편리하고 빠릅니다.

또한 24시간 언제라도 자유롭게 발송할 수 있다는 이점이 있습니다. 전화의 경우는 상대방이 취침중인 심야에는 이용하기 어렵고 해외에 있는 사람에게 전화를 하고자 하는 경우에는 그 나라와의 시차를 생각해야 하는 등의 불편한 점이 많습니다만, 전자우편의 경우는 그러한 걱정을 할 필요가 전혀 없습니다.

인터넷의 효용성을 인정받고 있는 영역은 상품 구매나 통신 기능만이 아닙니다. 요즘은 인터넷이 교육 현장에서도 많이 이용되고 있습니다. 시사 문제 등을 인터넷으로 조사하는 과제물을 제출하는 학교도 드물지 않게 있으며, 심지어 초등학교에서도 '○○에 대해서 인터넷으로 조사해오기'라는 숙제가 있을 정도입니다.

그러나 인터넷은 우리 사회를 풍요롭게 하고 편리한 생활을 보장해 주는 도구라고 하는 긍정적 측면만이 있는 것이 아닙니다. 인터넷에 의한 정보화가 극단적으로 진행되면 책상에 앉아서 손쉽게 방대한 양의 정보를 손에 넣을 수 있다는 이점도 있지만, 오히려 이런 정보의 양이 많으면 많을수록 무엇이 보다 중요하고 필요한 것인지를 판단하는 데 어려움이 많아진다고 할 수 있습니다.

각자에게 필요하고 중요한 정보라고 하는 것은 우리 사회가 결정해 주는 것이 아니라, 각 개인이 결정해야 할 문제이기 때문에 하루에도 인터넷 상에 무수히 쏟아지는 정보의 홍수는 우리 인간을 더욱 갈등과 고뇌의 세계로 빠져들게 합니다.

정보량이 많아지면 그만큼 개인의 선택의 폭이 넓어진다고 하지만, 선택의 폭이 넓어진다고 해서 반드시 우리 인간에게 가치 있는 정보의 선택을 보증해 준다는 것을 의미하고 있지는 않습니다. 오히려 과다한 정보는 각 개인의 판단이나 선택을 혼란스럽게 만들기도 합니다. 왜냐하면 인간의 판단은 한 가지 측면만을 보고 판단하는 것이 아니라, 다양한 측면을 동시에 고려해서 판단하기 때문입니다.

한 예로 여행을 목적으로 호텔을 예약하고자 한다고 합시다. 그러면 인터넷으로 여행지에 있는 여러 호텔을 검색하게 될 것입니다. 이때 호텔의 숙박료만을 선택의 기준으로 삼지는 않을 것입니다. 관광지와의 거리나 서비스의 종류, 방의 크기나 쾌적한 내부 환경, 부대시설, 주변 환경이나 경치 등도 고려하게 됩니다. 이처럼 복잡하고 다양한 정보 처리 과정을 거치게 되는데 이에 대한 정보가 많을수록 판단에 시간이 걸리고 혼란스러우면서 판단이 쉽지 않을 것입니다.

게다가 호텔 종업원들의 멋진 사진이나 인사말 등 선택 기준에 있어 그렇게 중요하지 않은 정보도 많이 포함되어 있는 경우, 오히려 이런 정보들 때문에 유용한 정보에 대한 적절한 판단을 하는데 시간이 걸리거나 방해를 받기도 합니다. 그래서 정보가 너무 많은 사회에서는 모든 정보에 대해 대응하는 것은 현실적으로 불가능하기 때문에 결국 우리 인간의 사회적 행동은 단순해질 수도 있습니다.

이런 정보화 사회는 우리에게 현명한 선택의 가능성을 높여 주는 것은 결코 아닙니다. 매일 아침 신문과 함께 배달되는 광고 전단지의 경우를 생각해 봅시다. 주부들은 집 근처의 슈퍼마켓이나 백화점의 전단지를 보면서 구입하고 싶은 물품과 특별 할인가를 비교합니다. 소비자 입장에서는 가능한 값싼 물품을 구매하기 위해 전단지라고 하는 것은 중요한 정보원임에는 틀림없습니다. 실제로 많은 소비자들은 전단지의 광고를 보고 쇼핑을 하고 있으며, 이런 정보의 이용이 가계의 지출을 줄이는 데 도움이 된다면 전단지의 광고는 유익한 정보가 될 것입니다.

그런데 우리가 품질이 거의 차이가 없는 동종의 물건들 가운데 가격을 비교하면서 하나를 선택한다면 이는 분명 경제 원리의 입장에서 본 하나의 선택 행위임에는 틀림없습니다. 즉, 전단지를 보고 품질은 거의 차이가 없지만 A백화점보다는 B백화점이 더 싸게 팔기 때문에 B백화점에 가서 쇼핑을 해야 되겠다는 결심은 의미가 있고, 그러한 정보를 제공해 준 전단지는 매우 유용한 정보원의 역할을 했다고 이야기할 수 있습니다.

그런데 여기에는 어디까지나 두 백화점의 품질이 거의 차이가 없다는 전제가 있어야만 합니다. 만일 B백화점의 물건이 더 값싸기 때문에 가서 구매를 했지만 나중에 A백화점에 가서 비교해 보니 조금 비싼 가격이지만 품질이 더 우수했다라고 하면 이는 경제 원리의 입장에서 본 현명한 선택 행위라고는 볼 수 없습니다. '선택 폭의 확대'라고 하는 것은 어디까지나 '선택의 질적 확대'가 되어야 비로소 그 의미가 있는 것입니다.

'선택'이라는 행위는 선택하고자 하는 상품들이 각각 가격이나 기능, 모양, 색상, 내구성, 애프터서비스 등이 서로 다른 경우에 비로소 그 가치를 부여받을 수 있습니다. 만일 품질이 거의 다르지 않는 상품 가운데 하나를 선택한다면 이는 소비자가 눈을 감고 선택한다고 할지라도 별 문제는 없을 것입니다. 그런데 이런 동질의 물건 가운데 하나를 선택해야 하는데 너무 과다한 정보가 제공된다면 이는 오히려 적절한 판단을 하는 데 방해가 되거나 시간의 낭비가 될 뿐입니다. 인터넷에서 제공되는 정보도 이런 경우가 허다합니다.

만일 홍수처럼 넘치고 있는 이런 정보들을 손쉽게 처리하기 위해 모든 정보들을 일정 기준에 의해 점수화하여 계산하고자 한다면 이는 일차원적인 기준으로 처리가 가능하도록 모든 문제를 정의해야 할 것입니다. 그렇다면 이것은 목적에 맞춘 선택 방법을 채용하는 것이 아니라, 선택 수단에 맞게 목적을 정의하는 경우가 되기 때문에 상품의 구매 목적이나 욕구가 다양한 소비자들이 현명한 선택을 하기란 더욱 쉽지 않을 것입니다.

인터넷 문화는 아이들의 학습 능력을 저하시키기도 합니다. 인터넷에 들어가 몇 번 키보드를 두드리기만 하면 원하는 정보를 손쉽게 얻을 수 있습니다. 옛날에는 두꺼운 백과사전을 뒤적이거나 도서관에 가서 관련 도서를 찾기 위해 서가를 이리저리 헤집고 다녀야만 했습니다. 그러나 이젠 그럴 필요가 없어졌습니다.

하지만 이런 인터넷 세상은 우리 인간의 인내심과 의지를 시험하면서 '조급증 인간'과 '편리지상주의 인간'을 생산하고 있습니다.

사실 학생들이 하나의 주제를 조사하기 위해서 도서관에 가서 학문적 체계에 따라 일정 기준에 의해 분류되어 있는 서가에서 책을 찾아 책명과 그 내용을 훑어보면서 스스로 생각하고 판단하는 자기 노력의 기회를 갖는다는 그 행위 자체만으로도 관련 도서의 유무에 관계없이 학습 능력을 키우는 데 큰 의미가 있습니다.

그러나 인터넷으로 주제어를 집어넣어 검색하면 예를 들어 "34건이 일치했습니다."라는 문구가 등장하면서 34건의 정보가 어떤 체계성도 없이 병렬적으로 나열됩니다. 이런 식으로는 학문의 체계를 이해하거나 아이들 스스로가 사고하는 힘을 키울 수 있는 기회를 제공해 줄 수 없습니다.

인터넷 세계는 이런 기회의 박탈만이 아닙니다. 21세기는 많은 정보를 아는 것만으로도 얼마든지 돈을 벌 수 있는 시대입니다. 이런 풍토는 자연스레 '인간의 육체적 노동에 대한 가치'를 저하시키면서 상대적으로 '정보의 가치'는 상승하게 만듭니다.

이제 우리는 정보화가 사회 발전의 원동력이 되면서 정보화 사회의 뒤편에 있는 인간 생활에 필요한 각종 기능의 가치는 점점 더 평가 절하되고 있는 시대에 살고 있습니다.

우리 사회를 지탱하기 위해서 다양한 영역에서의 활동이 그 나름대로 존중되고, 상호 협력과 공존이 필요한 이 시대에 정보화 사회에서의 주역의 역할을 하고 있는 인터넷의 독주는 '우리'라는 공동체 의식을 약화시키면서 우리 사회 구성원들의 조화를 더욱 빈곤하게 만들고 있습니다.

그 옛날 원시인들에게도 인터넷은 필요했을 것입니다. 양식을 구하기 위해 인터넷 검색을 해서 거대한 매머드의 주요 서식지나 습성, 포획하는 방법 등의 정보를 알려고 할 것입니다. 그러나 이들에게 더 중요한 것은 이런 정보보다는 인간보다 몸집이 몇 배나 크고 힘이 센 매머드에게 접근하여 잡는 일일 것입니다. 즉, 이들에게는 정보보다 실제 매머드를 잡는 기술이나 능력이 더 중요할 것입니다.

아무리 과학 문명의 오만에 그 어느 누구도 대항할 수 없는 21세기를 살아가고 있는 우리라고 하지만 오늘을 살아가는 우리의 생존 원리도 원시인의 생존 원리와 크게 다르지 않다고 생각합니다.

인터넷 문화는 이제 아이들의 정서나 생활에도 깊숙이 침투해 있습니다. 2000년대에 들어서서는 특히 초·중·고교생들의 인터넷 이용률이 급증한 가운데 심지어 중학생의 인터넷 이용률이 대학생을 앞지른 것으로 나타났습니다. 정부에서 발간한 '2002 교육정보화 백서'에 따르면 2001년 6월 현재 우리나라 초등학생 인터넷 이용률이 88.6%, 중학생 99.3%, 고등학생 96.5%, 대학생 97.7%로 나타났습니다. 이는 99년에 조사한 결과와 비교해 보면 초등학생의 경우는 무려 7배나 늘어 가장 빠른 증가세를 보였습니다. 요즘은 거의 모든 아이들이 인터넷을 사용하고 있다고 할 수 있습니다.

아이들의 경우는 인터넷을 정보를 얻기 위한 수단으로 이용하기보다는 채팅이나 게임을 즐기기 위한 도구로 사용하는 경우가 많습니다. 아이들의 주요 화제 중의 하나는 게임에 관한 것이고, 요즘 유행하는 게임을 알아야 친구를 사귈 수 있다고 할 정도로 아동의 놀이 세계에서 인터넷 게임이 차지하는 비중은 다른 어느 때보다 크고, 또한 이것을 빼놓고는 아동의 세계를 이야기할 수 없는 시대가 되었습니다.

그런데 각종 신문이나 TV는 인터넷 게임이나 채팅에 대해서 한목소리로 그 악영향을 주장합니다. 아동 전문가들도 인터넷이 친구처럼 친숙한 아이들의 모습 속에서 인간관계의 조정 능력 상실 문제를 우려하면서 그 폐해를 거론하고 있습니다. 사실 인터넷에서 제공하고 있는 게임의 세계나 내용은 실제가 아니고 가상현실이기 때문에 인터넷은 대인 커뮤니케이션에 있어 잠재적 불안 요소를 갖고 있다고 할 수 있습니다. 아직 확고한 자아가 형성되어 있거나 판단력이나 변별력이 제대로 발달되어 있지 않는 아이들은 현실 세계와의 경계가 애매모호한 게임의 세계를 마치 실제처럼 즐기면서 몇 시간이고 그 게임에 몰입하는 경우가 허다합니다.

인터넷이 없는 시대에는 아이들의 놀이 세계는 그저 밖으로 뛰쳐나가 친구들과 몸을 부딪치며 뛰어 노는 것이었습니다. 그러는 가운데 따로 운동하지 않아도 튼튼한 몸을 유지할 수 있었고 친구의 소중함도 느끼고 자연의 고마움도 배웠습니다.

이런 이야기는 이제 아득한 먼 옛날의 동화 이야기처럼 우리와 점점 멀어지고 있습니다. 이제 아이들에게 놀이라고 하는 것은 방안에서 혼자 가만히 책상에 앉아서 키보드를 두드리는 것이며, 친구와의 대화는 마음의 색깔이 묻어나는 친구의 표정을 보면서 자신의 감정을 부드러운 목소리로 이야기하는 것이 아니라 메일이나 채팅으로 담담하게 문자 메시지를 주고받는 방식으로 바뀌어 버렸습니다.

아이들이 인터넷 게임에 허비하는 시간이 점점 많아지면서 친구와의 만남은 줄어들게 되고 이로 인해 친구와의 놀이를 통해서 자연스럽게 익힐 수 있었던 대인 커뮤니케이션 기술이 상실되고 있습니다.

일본에서 또래들로부터 집단 괴롭힘을 당한 한 학생이 등교 거부를 하고 결국 자살로 생을 마감하는 사건이 발생한 적이 있었습니다. 우리나라도 이와 같은 사건은 생소하지 않습니다.

이에 대해 한 아동 전문가는 TV 게임이나 인터넷 게임에 너무 몰두하다 보니 자신을 보호해 주는 사람, 즉 부모 이외에의 사람과는 상호 작용을 하지 않게 되고 이러다 보니 대인 관계의 능력이 저하되면서 상처받기 쉬운 인간으로 전락하게 되었다고 보고 있습니다. 그로 인해 친구들의 괴롭힘이 등교 거부로 이어지고 자살까지 진행되었다고 이 학생의 행동을 설명하고 있습니다.

이 전문가의 설명이 옳은지는 차치하고라도 요즘 아이들의 사회성 결핍이나 학교 폭력, 이기주의가 팽배하고 있는 학교 문화는 이런 인터넷 문화와 결코 무관하지 않다고 봅니다.

많은 전문가들은 이런 게임에 너무 몰입하면 아이들은 점점 자기중심적이 되면서 상대방의 생각이나 욕구에 무관심하게 된다든지, 공격적인 행동이 이전보다 증가할 수 있다는 문제를 제기하고 있습니다.

가상현실인 인터넷 게임에 거의 매일 몰입하면 '허구의 세계'와 '현실의 세계'를 구분하지 못하여 여러 가지 문제 행동을 보일 수가 있다는 것입니다. 그래서 TV나 신문과 같은 대중 매체에서도 청소년의 학교 폭력이나 비행의 문제를 이런 인터넷 게임에 그 원인을 두어 설명하기도 합니다. 어떤 한 연구에서는 TV 게임에 열중하는 아이들은 자신의 감정이나 충동을 억제하는 힘이 약하다는 사실을 밝히고 있습니다.

또한 게임의 내용은 아동에게는 하나의 모델로 작용하여 이들의 비행이나 범죄 행위에 영향을 주는 경우도 적지 않습니다. 한 중학생이 격투기 게임을 모방하고 싶다는 욕구를 느끼면서 게임에서 보여주는 격투 기술이 얼마나 실제적으로 효과적인가를 확인하기 위하여 친구들을 싸우게 하여 부상을 입힌 사건이 일어나기도 했습니다. 이외에도 노숙자를 대상으로 격투 기술의 효능을 시험해 보다가 죽음에 이르게 한 사건 등이 발생하기도 했습니다.

인터넷은 비록 가상현실의 세계이지만 상대방을 폭력으로 무너뜨림으로써 게임의 점수가 올라가는 놀이에 장기간 열중하면 자신도 모르게 타인에 대한 폭력적 행동에 둔감하게 되고, 이로 인해 대인 관계에 문제가 발생하는 경우가 흔치 않습니다. 이처럼 인터넷 게임의 중독은 아동의 감정이나 행동의 조절 능력, 사회성 발달에 부정적인 영향을 미치고 있습니다.

이런 현상이 일어나는 이유는 다음 3가지 정도로 생각해 볼 수 있습니다. 첫째로 인터넷이나 TV 게임은 비록 게임이지만, 폭력적 행위에 대해 반드시 보상이 따른다는 것입니다. 게임에서는 상대방을 무찌르면 득점을 획득하거나, 그 다음 단계의 게임으로 진행할 수 있는 등 '적을 무찌르는 공격적 행위'에 의해 무언가 보상을 얻게 된다는 것입니다.

이 때문에 아이들은 '공격적 행동에 의한 보상'이라고 하는 이상한 공식이 무의식 가운데 머릿속에 입력되면서 타인에 대한 수용이나 이해 능력이 부족한 아이들은 공격적 행동을 가볍게 생각할 수도 있습니다. 즉, 게임의 세계에서 끝없이 타인을 때리고, 발로 차고, 던지는 행동에 익숙해진 아동들은 현실의 세계에서도 이런 행동이 쉽게 표출될 수도 있다는 것입니다.

둘째로 인터넷 게임의 'virtuality'는 현실 장면과 너무나도 유사하다는 것입니다. 게임의 기본체인 중앙연산장치 CPU가 비약적으로 발달함으로써 게임의 스피드나 화질, 그리고 입체감이 이전보다 사실적 효과를 더해 주고 있습니다.

그리고 이전에는 단순하고 어색했던 화면의 움직임이 더욱 정교하고 부드러운 움직임으로 변하였으며, 게임의 내용도 단순한 모험적 전개에서 보다 복잡하고 추리·탐색적 내용으로 변했습니다. 그러다보니 이런 게임의 세계가 현실 세계와의 경계선을 애매모호하게 만들어버린 것입니다. 두 세계의 혼동은 변별력의 발달이 제대로 되어 있지 않는 아이들을 위험하게 만들 수 있습니다.

셋째로 인터넷의 세계는 'reset' 버튼을 누르기만 어떤 불리한 상황일지라도 다시 재도전을 할 수 있는 시스템의 특성을 갖고 있습니다. 이런 게임의 특성에 익숙해진 아이들은 실제적으로 곤란한 상황에 직면하게 되면 노력하지도 않고 쉽게 포기해버립니다.

'reset' 버튼 하나로 처음부터 모든 것을 다시 시작할 수 있는 전개 과정에 익숙해진 아이들에게 '생명의 존엄성'에 대한 의식을 심어주기도 쉽지 않습니다. 그래서 조그마한 문제가 생겨도 쉽게 자살을 시도하는 아이들의 위험스런 행동을 드물지 않게 뉴스에서 접할 수가 있습니다.

심리학 분야에서도 현실 세계와의 경계선이 애매모호해진 오늘날의 인터넷 게임이 아동의 공격성에 영향을 미칠 수 있다는 가능성을 시사하는 연구 결과를 내놓고 있습니다. 물론 이에 관한 모든 연구들이 일치된 결과를 내놓고 있지는 않으며 그 연구의 양도 그리 많지 않기 때문에 엄밀하게 말해서 인터넷 게임은 무조건 모든 아이들에게 나쁜 영향만을 미친다고 단정적으로 이야기할 수만은 없습니다.

어떤 연구에서는 폭력적인 인터넷 게임은 카타르시스의 효과가 있어 아이의 공격성을 약화시키는 효과가 있다는 보고가 있기도 합니다.

사실, 게임 내용의 폭력성의 수준, 아동의 연령 및 정서적 안정의 정도, 사회적 지지의 정도, 게임하는 시간 등 다양한 요인에 따라 아이들의 심신에 미치는 영향의 정도는 다르게 나타날 수 있습니다.

하지만 인터넷 게임 때문에 잠을 자지 않고 밤늦게까지 한다든지 이 때문에 학교생활을 태만히 한다든지 등 일상생활에 지장을 초래할 정도로 게임 중독에 빠진 경우라면 적절한 지도가 필요하다고 하겠습니다.

게임 중독 증세를 보이는 아동을 지도할 때에 바람직한 지도법은 게임을 완전히 하지 못하게 제한하는 것보다는 "어떻게 하면 일상생활에 지장을 초래하지 않는 범위 내에서 게임 시간을 적절하게 조절할 수 있는가."라고 하는 문제가 중요하다고 할 수 있습니다.

무조건 못하게 하면 일시적으로는 부모의 강압에 못 이겨 억제할지 모르나 게임에 대한 욕구가 더욱 상화되면서 언젠가 다시 하게 되고, 부모의 눈을 피해서 밖에서라도 하게 됩니다. 게임 중독이라고 하는 것은 본인이 억제하고 싶어도 자신의 의지로 도저히 어떻게 할 수 없는 상태이기 때문에 무조건 그만 두게 하는 것은 현명한 방법이 못 됩니다.

요즘 아이들의 세계에서는 인터넷이 친구를 사귀는 데 있어서 필수적인 매개체로서의 역할을 하고 있는 것이 사실입니다. 특히 남자들의 경우는 더욱 그렇습니다.

남자 아이들은 게임 종류나 내용, 게임 전략에 관한 이야기가 친구들과의 대화 가운데 주요 화제가 되기도 합니다. 부모들도 이러한 점을 인정하고 있는 것 같습니다. 그래서 게임을 적당히 즐기는 정도는 오히려 친구와 사귀는 데 도움이 된다고 생각하는 부모도 적지 않습니다.

어쨌든 인터넷 게임이나 채팅 등을 무조건적으로 제한하기 보다는 아이들의 일상생활에 지장이 초래되지 않는 범위 내에서 공개적이면서 건강한 방향으로 이용할 수 있도록 이해하고 지도하는 부모들의 변화된 태도가 필요하다고 하겠습니다.

자녀와 대화를 통하여 인터넷의 사용 시간 등에 대하여 기준을 정해 보는 것입니다. 예를 들어 '연속적인 사용은 1회에 50분 이내로 제한하며, 연속적으로 사용할 때에는 반드시 중간에 휴식 시간을 갖는다. 하루에 최고 2시간 이상을 초과하지 않는다.' 등의 기준을 마련하는 것입니다. 자녀와의 약속을 통해서 이런 가이드라인을 제시하면서 지도를 한다면 자녀와의 사이에 긴장 관계를 조성하지 않으면서 자녀의 건강한 인터넷 사용을 유도할 수 있을 것입니다.

저자 소개

현 정 환 (玄正煥)

경남 밀양 출생, 일본 히로시마대학 대학원에서 유아심리 전공(심리학 박사)하였으며, 현재 서울신학대학교 교수로 재직(jhhyun@stu.ac.kr)중이다.

주요 저서로는

영유아 심리학(1998, 문음사)/ 상담이론 그리고 연습(공저, 2002, 창지사)/ 『The Role of the father in child development』 Lamb, M. E. (Ed.). (공저, 2003). New York: Wiley./ 아동발달의 이해 (2005, 창지사)/ 인간행동과 사회환경(공저, 2006, 창지사)/ 상담이론, 실제, 연습의 상담심리학(2007, 양서원)/ 인간심리의 이해(공저, 2008, 공동체), 『Handbook of Cultural Developmental Science』 Marc H. Bornstein (Ed.). (공저, 2009). Psychology Press. 아동상담(2009, 창지사) 등 있다.

개정
아이들의 자유

초판 1쇄 발행 2003년 6월 4일
초판 2쇄 발행 2009년 4월 20일
개정 1쇄 발행 2010년 4월 29일
개정 2쇄 발행 2014년 7월 15일

지 은 이 | 현정환
펴 낸 이 | 김기섭
책임편집 | 박소정
펴 낸 곳 | 창지사 www.changjisa.com
153-802 서울시 금천구 가산디지털 1로 83 파트너스타워1차 (9F, B1F)
전화 (02) 719-2211~3
팩스 (02) 701-9386
등 록 | 1977년 4월 28일 · 제1-421호

ISBN 978-89-426-0581-1 93370

값 10,000원